钱穆

钱穆先生著作系列

讲堂遗录

中国思想史六讲

中国学术思想十八讲

九州出版社
JIUZHOUPRESS

钱穆先生画像

新校本说明

钱穆先生著作简体新校本，经钱胡美琦女士授权出版，以钱宾四先生全集编辑委员会所编《钱宾四先生全集》繁体版为本，进行重排新校，订正其中体例、格式、标号、文字等方面存在的疏误，内容保持《全集》版本原貌。

《中国思想史六讲》为一九四六年十二月起，钱穆先生在昆明私立五华书院所作“中国思想史”系列讲演中最先六讲的讲稿。钱先生在五华书院共作三十次有关“中国思想史”的讲演，除此六讲外，其余未见文稿。

《中国学术思想十八讲》为钱先生居住香港时期，应香港大学校外课程部之邀请，所讲一系列“中国学术思想史”中的讲稿，包括一九五九年“明清学术思想”、一九六一年“秦汉学术思想”、一九六二年“先秦学术思想”各六讲。

九州出版社

目录

中国思想史六讲

第一讲　上　古　/ 3

第二讲　孔　子　/ 16

第三讲　孟子和其他儒家　/ 31

第四讲　墨　子　/ 47

第五讲　道　家　/ 59

第六讲　名　家　/ 76

中国学术思想十八讲

先秦学术思想

第一讲　/ 89

第二讲　/ 96

第三讲　/ 104

第四讲　/ 114

第五讲　/ 124

第六讲　/ 135

秦汉学术思想

第一讲 / 144
第二讲 / 150
第三讲 / 159
第四讲 / 166
第五讲 / 175
第六讲 / 183

明清学术思想

第一讲 / 193
第二讲 / 200
第三讲 / 208
第四讲 / 216
第五讲 / 222
第六讲 / 229

中国思想史六讲

第一讲　上　古

一

什么叫做思想？《大智度论》说："人心可分两种：一是念念生灭心，一是次第相续心。""念念生灭心"，忽起忽落，前念后念，不相照应。譬如雨点，点滴下落，各不相顾。"次第相续心"，则前后连贯，因甲及乙。譬如河水，后波追逐前波，便成川流。所谓"思想"，即指次第相续心而言。一个人为了考虑一件事，每每会想到几分钟、几点钟、几天、几个月，次第相续下去。这就是思想。若论思想家，往往碰到一个问题，钉在心上舍不掉，有的可以继续到几年、几十年，才能解决。

思想进行有两个方式。一则譬如人体循环器官内的血，由大血管输送到小血管，又送到神经末梢，遍及全身。此犹思想家由一问题的大处想到此问题的小处，面面周到，无微不至。这是一个方式。另一方式，则如沟渠池港的水流，汇到长江大河，再由江河汇流达海。此犹思想家由一小问题逐次推想到大的问题上去。这是又一个方式。这叫做“思想的体系”，这是要解决一个问题一定有的次序。

有些问题，一个人不能解决，须待于多数人之共同研究，其间各人的思路不同，这便成功了思想上的“派别”。问题的方面既多，又非一时所能解决，每每延续到几代，几十百千代，才能解决此一问题，次第相续，遂造成了“思想史”。思想既成功了一部历史，便知此等思想并不是随便的思着、想着，而有他客观的对象与必然的层次。一个国家，一个民族，每每三千年、五千年，只解决了几个问题。而这几个问题，可以使这一个国家或民族里几千年来能用脑子的大思想家，都集中精神来对付它。所以一部思想史，是一部文化史的核心，亦可说是文化史的生命。

一个国家，一个民族，既有文化历史，也就有思想。思想继续不断，有生命，有系统，有组织。它必要能对付得几个大问题，才足以见此民族的力量，才足以见此国家与民族的特色。他们思想的对象不同，方法也不一样。而同一个问题，也可以有两个以上的方法。思想之内容与方法不同，造成了不同的民族，造成了不同的文化。

中华民族几千年来，曾有些什么想法呢？不能说今天这样想，明天那样想，这是忽起忽落，念念生灭，算不得思想。也便创不起文化，造不成历史。文化历史都是次第相续的心的历史。换言之，只是一部思想史。

我在前几年，曾写过一部《国史大纲》，这是一部普通历史。后来又想写一部文化史，只写了一简编。现在又想写一部思想史，也只先从简编写。写思想史，就是写文化史的“中心”，写文化史的“动源”。就是要看我们的祖宗曾想些什么？用什么方法想？我们且不论好坏，只先拿历史的眼光，来看它的内容和真相。

普通史只说的历史的浮面和外层。文化史说到历史之各方面各部门，始是历史之全体。思想史则是历史之中心主脑或骨干。合此三部，始成为历史之全部，始可了解中国已往之一切。

近来许多先生，都写中国哲学史。为什么我这一部书不叫“哲学史”，而叫“思想史”呢？因为严格说来，可以说中国没有“哲学”。换言之，就是中国没有像外国一般所想的问题与方法，所以不必用外国的学名来牵强附会。但是却不能说中国人没有“思想”。中国思想与西洋思想自有他不同之点，我们主要的就是要讲他不同之点。人心之不同如其面，描写人物，必要写出他的特征。写一国的思想亦复如是，当然要表现出他的本来面目与特征所在。

二

讲思想史，必须从本原处看到末梢，由粗大处看到细微，由共通处看到个别。这是一定的方法，否则将看不到各派思想之真际。

什么是最粗大的和共通的呢？大抵人类思想，从其源头看，从其粗大处和共通处看，都逃不了两个问题。一个问题我们叫他“宇宙论”，另一个问题我们叫他“人生论”。凡属人类所讨论的问题，都不能逃出“宇宙”、“人生”之外。这两个问题，都应该有一种科学方法。前一个属于“自然科学”，后一个属于“人文科学”。西洋人对此两问题大体是喜欢分开讲的。无论哲学也好，科学也好，宇宙与人生，他们却把来分得清清楚楚。中国人却喜欢合拢来讲，这叫做“天人合一”。讲的不好，自然是笼统混杂。但讲的好，也就不致支离破碎。

本来人即自然，为什么定要把它分开呢？有人说：“中国思想界只有人生问题，没有宇宙问题。”乍看似乎如此，仔细研究，却不尽然。宇宙问题不解决，人生问题断无办法。譬如房屋将要倾倒了，你还能在里面讲人生问题吗？中国思想既喜欢从融通处着眼，哪有注意了人生问题而转忽略了宇宙问题的呢？这只为中国人思想在形式上没有如西方人一般严密划分，因而引起了许多误会。

三

现在再进一层谈，还有一个介于宇宙、人生二者之间的问题，则是“生死”问题。“生”是人生问题，“死”便进入了宇宙。每一个人必要碰到这问题，每一个人必定会感觉到他有生必有死。你现在虽然没有死，但你看见青年人、老年人，你的父兄、亲戚、朋友的死。或许自己的健康失了，感觉得与死相邻，便要想起这个问题。人寿不过百年，今天我们在这里集会演讲，很是热闹。在这屋里的人，大概不过五十年，恐怕难有一个人还存在。而此世界呢？五十年、五百年、五千年……五万万年，如此般存在下去。我们生在此世界，太可怕了！好似在黑夜的旷野里看太虚，无边无际，深黑一大块，不知有多少大？而我们却似一小点灯火，若明若灭。凡是人，不论受过教育或没有受过，必要碰到此问题。

此一问题即是人类严肃思想之开始，也即是宇宙论与人生论碰头的地方。即是他们共同的发源处，亦是他们共同的归宿处。这是人类最基本、最普通的一个问题，大家对此一问题，似乎有一个共同的态度，就是人人都求生而怕死。我们都有生命，而且都爱生命，每一个人都有一个心理上的要求，要求不死，要求永生，或说是不朽。全世界的宗教，全世界的思想家，明知我们必死，而还是要对此问题求解决，求安慰。最普通的解决与安慰，便是信仰有灵魂。倘使我们有灵魂，则此问题的解决，便很容易而且也得到了安慰。

一人的死生，只是灵魂的出入。譬如此刻在屋内的人跑出屋子，这有什么奇特呢？但接着就发生第二问题。既然“身体”和“灵魂”是两件事，那么身体以外还有生命的存在，就如跑出屋子还有天地，还有另外一个世界，岂不得了莫大的安慰吗？如此则讲人生便转到宇宙问题上去。

你怎样知道有两个世界呢？这是根据在人生问题的信仰与

要求而来。肉体与灵魂，既是两个，自然要成两个世界。这在西方哲学上，一个叫“物质界”，一个叫“精神界”。前一个是属于“感官”的世界，后一个是属于“理性”的世界。官能可以感受外边的印象，如眼、耳、鼻、舌、身，感受到色、声、香、味、触。感官所接触的是“现象”，而灵魂所接触的则是“理性”，在哲学上叫“本体”。譬如此地有一表，我们见到的是金黄色，但你戴上蓝色眼镜看，那表的颜色便变了。在有色的灯光下看，颜色又变了。我们又见到它是圆的，而在哈哈镜的透视下，形状也变了。又感觉到它是硬的，假如你手的力量加大了几千倍，又感觉得它软了。这些问题便复杂起来。什么是表的本体呢？愈讲愈微妙，愈讲愈虚玄了。所以现象是容易了解的，一讲到木体，便难讲了。但不讲到木体，又觉人生得不到安慰。可见哲学、宗教上的许多话，还是由安慰人生而起。

每个人都希望不死。对于死后的情形，便有各种不同的讲法。我举耶教与佛教为例。耶稣说他的宫殿在天堂，人死后还要复活的。古代的希腊人、犹太人、埃及人都这样想，以为灵魂要回来的。埃及人因此更为看重死尸，做成了木乃伊，装在金字塔里面。为预备灵魂哪一天回来而复活。佛教讲“六道轮回”，就是天、人、阿修罗、畜生、饿鬼、地狱，更迭循环。人不永远是人，也许第二生是猪，第三生是虫。轮回既有三世以及无尽，又有胎、卵、湿、化四种生形的不同。在这当中，我尚何存？故佛经讲“无我”，这更有什么灵魂呢？但他们主张有生命的轮回，我们不妨叫他们的思想是一种“变相的灵魂”。总之，除掉此现实人生，我们的生命还有别一世界。此是西洋人、印度人的共同看法。

四

现在我们回过来看中国人。中国人于此问题如何看法呢？在中国古书里常说到“鬼神”和“魂魄”的话。兹举一事为例。《左传》鲁昭公七年，郑国的伯有死了。他的鬼魂出现，叫闹不宁，到处碰到伯有。那时郑国有一个大思想家子产，有人问他说：“伯有为什么能做鬼呢？”子产回答的一段话，可算是中国古代解释生死问题的一个最具体、最明显的记载。他说：

> 人生始化曰魄。既生魄，阳曰魂。用物精多，则魂魄强。是以有精爽，至于神明。

这段话是这样的解释：人的开始叫做“魄”，以“人生”说，自然是指初生下来的躯体而言。以“始化”说，则是指在母腹中的胎。总之，这都可以称之为魄。魄便是一段肉块。生了魄的时候，便连带的有“魂”。魂之在魄，正如一块东西上有一些亮晶晶的光辉，此光辉处便叫做“阳”。其不发光处则是“阴”。现在的人体是魄、是阴，其发光面则是阳、是魂了。故可说“魄”是生命的实质，“魂”是他的作用。这可说是一种纯粹“唯物”的观点。因为他全从这一块肉团上来看人的生命。他虽说有魂，这个魂却与西方人讲的灵魂不同。

西方人说灵魂与肉体判而为二，故可与肉体分离自在。中国人说的魂，是人身这一块肉团上亮晶晶的发光的一面。在大宇宙中的人生，正如刚才的譬喻，在旷野黑夜里看见的一点光明一般。但这一点光明，却是深黑一大块的实质上自己发放出来的。并不是另从一处来，因而也不能别向一处去。

现在再说，魂既是肉体上所发的光，一个人的身体强健，五官百骸各自发挥最强大的作用，那光辉也自然随之而增大、增强。人到有病的时候，光便弱了。等到一死，便不发光了。好比一辆汽车，机件完好，有电和汽油来发动，才开得走。机件坏了，或是没有电和油了，便不起作用了。那些在人身体内发光起作用的东西，亦叫做“精爽”。精爽便是耳聪目明，一切机件，都发挥了很好的作用。

有一种人，精力弥满，他虽然死了，他的作用犹有剩余的光辉，还会存在一些时。中国人所意想的“鬼”，便是这样一件事。因此，鬼还要再死，所以说：“死而后亡。”有时死还不算到“没有”的阶段，再过一些时才“亡”了，才真没有了。《左传》上又说：“新鬼大，故鬼小。”就是以精爽遗留的强弱而生此区别。这是中国人的观念。直到如今，还始终是如此。他们认身体与灵魂是合一的，并不是在身体外另有灵魂。除了耳目，便不能有聪明。除了此肉团，便不能有精爽。

精爽到更高的地步，叫做“神明”。如两国打仗，司令官精通战略，运筹帷幄，步步打算，此即是他的精爽。至于决定如何进兵，推测战斗进行中的变化，无不曲中，恰如预知般，便是神明的事了。一块钢铁，我烧它、捶它、磨它，造成了锋利无比的白刃。一个小孩子，从小加以锻炼，耳目聪明是精爽。至于智慧深细，眼光远大，能看到几百年以后整个国家民族世界的事，所谓“先知先觉”，即成了神明。这便是说他的光发得比别人强。也可说他的阳气特别盛。现在说则是他的机件特别灵，因而作用也特别大。

你若问这光由哪里而来？这只还是由他体魄上锻炼而来。“用物精多”，便是锻炼得好。一个普通人在世时，身体很结实，一旦遭了横死，身体上的机能乍然停顿，可是还有余势未尽，那便能鬼出现。那伯有之鬼所以现形，就由他精爽未消失。至于老年人，或久病而死，他的鬼就很少能现形与作祟了。这是子产的人生论，也是他的宇宙论。

在此段故事中，我们便可对中国人所讲的“魂魄鬼神”之说，有一种明确的认识。当知此种看法，与西洋的截然不同。西方人以为灵魂还要回到尸体上，还可复活。而中国人则说：“尸归泥土，魂也散了。”前面说过，魂只如一些光，譬如灯熄了，光自然散了。散便是消失，并非脱离此体后，还能独立存在。中国人想要那魂暂时不散，便要给他一个凭依。因此拿一块木头，叫魂靠在上面，以便他暂时不飘荡散失，这叫“神主”。便是说，人死后的神以此木为主。神便是寓在此木上的客。把这神主供起来，好让他慢慢的才归于没有。这亦是人情上不得已的想法。所以祭祀只到三代，三代以上鬼魂根本不存在，便也不用祭了。故祭祀也不到坟上，只是祭神主，因为神的凭依在木上。这些习俗，虽说迷信，也有他很远的来源，这真是中国人的人生论和宇宙论。

五

此外许多古书上的证据，不想再拿来详讲，此刻再讲一个故事，作为此段“魂魄论”的结束。《大戴礼记·五帝德篇》，宰我问孔子：“黄帝为什么活到三百年呢？”孔子说：

> 黄帝生而民得其利，死而民畏其神，亡而民用其教，所以有三百年。

这是说，并非黄帝的肉体，有三百年的寿命。他在世的时候，约略算为一百年，因他于政治、教育、文化等各方面，大众得他的帮助和利益。等他死了，他的精爽、神明还能使人畏敬，又历一百年。到了第二百年已过，他的精神也亡了，但他的话依然有效，还可以作大众的教训，如是又一百年。岂非黄帝的一生等于存在了三百年吗？

这样的讲法，实在也极为合于情理。所以中国人看生命便是一种阳气，鬼便是一种阴气。鬼所怕的是“阳气”，鬼敢侮弄的是“晦气”。阳气是什么呢？换句话说，就是生命之“光辉”。生命只在一块肉团上，就在这肉团上生作用。光辉发生在气质上，这种光辉便是“神”。待他光辉歇了，回复到深黑一大块的阴质上去，便是“鬼”。所以我说此乃一种“唯物论”，但与西方的唯物论仍有不同。

西方人脑中的“物”，不发光，有阴而无阳。而中国则阴中有阳。但亦并不是“唯心论”。西方的唯心论是“物”外有“心”。而中国所讲阴阳，则阴的另一面即是阳。故说：“一阴一阳之谓道。”如此解释宇宙，人生即在其中。如此解释人生，宇宙也即在其中了。在此情形下，中国社会却不能产生宗教，但你不能说中国人无信仰。现在合起西洋、印度、中国三种的看法，我仍然要感觉到中国人所讲的似较合理。至少是与外国的不同。

我们不要看轻这一个不同，从这个不同上，却引起许多极大的差异。

六

现在我再引一段故事来讲一讲中国人对死后不朽的观念。《左传》鲁襄公二十四年，范宣子问叔孙豹：“古人说死而不朽，是什么意思？”叔孙豹正在考虑，未答复。范宣子又说：“譬如我范家自上古以来，世代为贵族，这算得不朽了吧？”叔孙豹说：“这叫做世禄，不能算不朽。真正的不朽有三种：太上有立德，其次立功，其次立言。”这是中国古代有名的格言，直到现在，几于无人不知。

在此段问答里，我们可以看到中国人早已不相信有灵魂，故而他们认为人生不朽的事有两种：一种就是范宣子的“世禄说”，另一种是叔孙豹的“三立说”。这两种都只在此现实人生界里不朽。没有脱离此现实人生界而另有别种的不朽。正因中国人只认此一个世界，不像西方人心中有第二个世界。宇宙论不同，因而人生论也不同。

从范宣子的世禄说一转变，便成后代传种接代的“家世不朽论”。因为不朽也只不过是一种次第相续。我的身体虽说活着，也随时在变化。五十年前的我和现在的我，已经没有丝毫相同的了。只因次第相续，所以还算有个我。那么，由此推论，我的儿子是我身体分出来的一部分，依然和我次第相续，所以我的生命可以寄托给他而存在。在儿子方面，也想到他的生命是继续着前人而来的。“身体发肤，受之父母。”如此则传种接代，便是人生之不朽。故说：“不孝有三，无后为大。”因我无后，便把上来历代祖宗的命也都丧了。这不啻成为中国的宗教。我们也不妨说中国人的家庭即是中国人的教堂。这种家世的不朽论，竟造成了几千年来的中国社会和中国历史。

至于第二种的不朽，那是较高一层的不朽，这里面的道理，却待详细推阐。我们且待此后继续发挥。但即浅近言之，即以“立言”说，如子产、范宣子、叔孙豹诸人，虽过去很久了，而他们的话，传到现在，依然支配着人心，我们譬如在现在还听到他们的讲话。反过来说，便譬如他们还能在现在和我们讲话一般，那不是他们还如活着吗？这便是他们的不朽了。他们便不朽在我们的世上，何待有一灵魂走上别一世界天国去，始得不朽呢？这是中国思想从开源处便和别人不同的所在，所以我们应该特别注意！

第二讲　孔　子

一

我在前次讲中国“上古思想”，曾提到西方人的思想与中国根本不同之点。西方人对于人生不朽的观念，期望在另一个世界——天国。又其宗教家与科学家解释人生问题，可以在正相冲突的局面下并存。如英国大科学家牛顿，同时便是基督教的忠诚信徒，即属显例。至于中国呢？却把宗教、学术、人生，沟通为一。因此像西方般宗教、科学两两对立而又同时并存的情形，实为中国人所不能了解。

中国人认为人生不朽，无论像范宣子的“世禄观”，或叔孙豹的立德、立功、立言之“三立观”，都是不朽在这个世界之上，并没有超出这世界之外去另寻一不朽。换言之，西方人脑筋里有两个世界，中国人只是一个。以西方哲学术语言之，西方是“二元论”，而中国是“一元论”。我们可说中国哲学是“人文的一元论”。这是中国思想发源便与西方不同处。

到了春秋时代，孔子创立儒家思想，更把范宣子、叔孙穆子一套理论，发扬光大，影响到几千年后人们的生活习惯，此乃中国思想之主干，也可说是中国思想之正统与中心。儒家自孔子开其先，孟子承其后，还有许多知名与不知名的学者之努力，随时在变动进步中。现在我们且顺着这发展过程，分次讲述。

二

要懂得某一个人或某一家、某一派的思想，须先要懂得他思想的方法。思想家如何想法？他虽没有明白宣示，但我们可由他的言论中体察。

西方人极重逻辑，逻辑便是他们思想的方法。他们的逻辑，大体有“演绎法”与“归纳法”之分。演绎是由一个道理推阐到很多方面，归纳是由很多方面归纳到一个结论。就此两种方法言，可见西方人头脑是注重分析，总喜欢一个一个讲。所以由一个推阐出许多个，又要由许多个归纳成一个。无论在他们思想之出发点及归宿点，总要从一个出发或归纳到一个上来。宗教大体是注重演绎的，科学大体是注重归纳的。要之，他们是爱一个一个的分别而论，所以说他们是分析头脑。

由东方人的眼光看来，似乎西方人的思想多是偏在一边的。他们好像在走一条路，或由此出发，或到此归宿，是一直线的向前走，无论中间也有许多曲折，总之还是一条线的。一条线的由一处出发，或一条线的到一处归宿。出发处是一个观点，归纳处还是一个观点，因此说他们是偏了。

西方古哲亚里士多德曾说：“吾爱吾师，吾尤爱真理。”西方人往往学生讲的与老师讲的便不同。德国大哲黑格尔的“辩证法”，正是说明了他们这一种的思想之演进。起先由甲设了一个理论，这是正面的。继则有乙起来推翻甲，这是反面的。渐后便有融和甲乙、超出甲乙之丙，这是正反之合。但这“合”又成了正面的，便又有反面的起来，推翻他。循此“正、反、合”、“正、反、合”不断演进，这是西方思想的路子。因为西方思想常是爱偏在一面，因此有“正、反、合”。他们的好处，在能由此一面一往深入，走到极端尽头处；再由别人向别方面走，又是一番一往深入，又到那一面的极端尽头处；如是的逐步追穷，综合西方思想，便成一个全体之大分析。但东方印度的思想习惯，则又有不同。

佛经上所讲的道理，必是两个对立着讲。如《金刚经》讲“世界”和“微尘”是相对的。微尘合起来成为世界，世界是微尘的“共相”，微尘由世界分出来，微尘是世界的“别相”。又如“心”与“相”也是对立的，倘使没有外边形相，怎样知道有内边的心呢？比如没有声，耳的效用不显，还不是等于没有耳。但没有心，对象又在哪里？“色”与“空”相对的道理亦复如是。所以说：“色即是空，空即是色。”这些都由相对而相消了。可见印度佛学思想和西方人的绝然不同。

西方人爱从一个观点出发，仍然到一个观念上归宿。但印度人一起头便告诉你有两个观点对立着，使你无从把捉了这个而放弃了那个。这两个观点，常是对立的，而又是对消的。中国的禅宗名此为“对法”。他们说，一切对法便贯通了一切经，由此便生“中道”义。这是佛家的思想方法。

孔子思想，近于佛经，也常是两个道理同时讲；不爱偏在一点上出发，亦不爱偏在一点上归宿。但孔子与佛家又有不同处。佛经提出两个道理常是这个推翻那个，那个推翻这个，结果是两个同时取消了。孔子的讲法常是用这个来补充那个，那个来完成这个，结果两个都建立了。

我们可以说，西方思想是偏的，印度与中国思想是圆的。因为西方思想常侧在一面讲，中国与印度常爱同时从对面讲。但佛家主“破”，儒家主“成”。佛家用对法相破相消，儒家用对法相立相成，这又是他们的不同。

每一观点，每一思想，常有其对面，我们若能同时兼顾对面，再由此两对面包抄围合，结果便成为一圆。佛经上有“圆、成、实”三字，此语极有意思。但佛家只是以破为成，以空为实。我们说孔子思想才真是一“圆、成、实”。

三

上面讨论的是思想方法之大体异同，现在再说到表达思想的语言文字之运用。

大凡一个思想，在此思想家之心里形成了一个观念，这个观念在其心内，要使旁人晓得，便须讲出来成一句话，或定一个名称。这里便有一极大困难。当知在没有此哲学家或思想家以前，人人已照例能运用名字能讲话。孔子以前，中国早有语言文字了。释迦、苏格拉底以前，印度、希腊也早有语言文字了。所不同者，孔子、释迦、苏格拉底以前，并没有孔子、释迦、苏格拉底那种思想与观念，也就没有孔子、释迦、苏格拉底所需要的名字与讲法。因此孔子这样想，这样看，而完成了他特有的思想与观念，便须拿大家懂的话，来讲出大家不懂的道理。释迦、苏格拉底也是一样。这一层困难，我们研究思想史的人是先要懂的。

所以佛经上常说："我随世俗假定名相方便宣说。"中国人则说："书不尽言，言不尽意。"乃至云："知者不言，言者不知。"都是这个道理。因为语言文字远已创始，其间有许多观念，早从无量世以前传来，如"我"、如"心"、如"生命"等，此诸观念，实为人生根本最大、最要之观念，早已远从无量世以来已成立、已流传。但究竟甚么是"我"？甚么是"心"？甚么是"生命"？此等却绝费推寻。但你不得不由此讲起，你须借用世俗共喻共晓之语言名字，来宣达你一己特有之思想与观点。此一层，便有许多困难。所以孔子与佛经遇到理论精微处，常要感到无法讲下，要你自己去体会，要你离却言说相、文字相、心缘相，直心冥悟。

西洋人在此上可不然，他们第一是喜欢自己创立一新名词来表达他自己特有之观点，又喜欢把此名字或观点特别加以“定义”和“界说”，好与众共喻。譬如他们研究生命问题，必先说明甚么叫做“生命”？为之下定义，作界说，再从此推论，从此引伸。这里有好处，却亦有坏处。因为定义终于不能包括净尽，界说终于不能恰如其实。譬如举一具体问题而言，如他们讨论政治，必先定甚么叫做“政府”？甚么叫做“国家”？甚实这些都不容易讲。这是语言名词本身的缺点，但西方人的思想偏爱由此立足，由此出发。他们全靠定义，定义不成立，那么全部都取消了。

我们上面说过，西方人的分析头脑，有些处正从定义下手，把不可分的勉强分了。这是西方思想与印度、中国思想之又一不同之点。

四

我们明此道理，才可来讲孔子思想，才好来看孔子书中常用的几个名字与孔子心中常想的几个观点。

第一要说到《论语》中最重要的“仁”字，这是孔子最爱用的一个名字，亦是孔子心中最重要的一个观念。孔门弟子常请孔子解释“仁”字的意义，但孔子答案各别不同。因此后人觉得仁字非常难讲，直到现在没有讲好。近人就从此批评中国人头脑不清楚，孔子为甚么不先把此“仁”字自己下一个清晰的定义呢？其实在孔子心中，便觉此“仁”字实在没有好的定义可下，若勉强为他下一定义，那“仁”字的涵义便偏在那定义之一边，而其他方面不为此定义顾到者，便易为人忽略。当知此乃人类语言文字本身自有之缺点，根本无法圆满。因此孔子要使人了解他常爱用的“仁”字，便另外提出一个“礼”字来和“仁”字拼合起讲。

仁是内边的，礼是外边的；仁属“心”，礼属“行”。若专从内边来说，又分“仁”与“智”两面；专从外边来说，又分“礼”与“乐”两面。孔子说仁便连带说到智，说礼便连带说到乐。似乎孔子惟恐别人听他说这面忽略了那面。总归起来，则“仁”、“礼”对说，必明白此两面乃可明白此一面，其总纲便是个“仁”字。现在我们试列表如下：

- 仁
  - 仁（内）
    - 智
    - 仁
  - 礼（外）
    - 乐
    - 礼

拿一般通俗的话来讲，仁是人心的感情恰到好处，约略可以说是忠厚。智是理智，约略可说是聪明。礼是规矩准则，乐是快乐活泼。“感情”和“理智”，“规矩”和“活泼”，好像是对立不能调和的，孔子的观念上要把他们联起来。

先从外面说，规矩而不快乐，不是好规矩；快乐而不规矩，也不能是真快乐。一般学规矩的，死在规矩上；求快乐的，又放浪形骸，反而苦恼。所以要教人寻规矩的快活，学快活的规矩，两件相反的事要把他合拢来。可惜世俗间的语言，没有“快乐规矩”和“规矩快乐”的话，所以孔子只得把此两语时时合说。

现在再看内面，偏于忠厚的人，每每迂阔；偏于聪明的人，反易流于刻薄。真正的忠厚，必是有智慧的；真正的聪明，也必是朴实忠诚的。孔子的理想上，要一人内边既忠厚而聪明，表现在外边的又规矩而快乐，如此“内外合一”，是孔子理想上做人的最高境界。

为何这是理想人的最高境界呢？因为这是人心之本体自然要求如此的。后来只有孟子说过两句极明白的话，他说：“仁者，人也。”又说：“仁者，人心也。”这是说，仁是理想的人和人的行事。因为仁即是人心的本体。但此所谓人心之本体，只是说应该的，可能的，人心自要如此的。至于真达此境界则尚须一番工夫，此即是孔门之所谓“学”。学即是学达到此境界，故孔子自说“吾十有五而志于学”，直到“七十而从心所欲，不逾矩”，便是实现了这个理想，到达了这个境界。

从此一点，我们可以证明孔子讲的道理，常常从一事的两面会合起来，这不啻成为中国思想之定型。至今俗语中也常常用着“是非”、“死活”、“东西”等等，即是这种用两个对立的字合为一词类之一例。

五

现在我们再仔细研究孔子的思想。若讨论他的来历，仍然是继承着子产、范宣子、叔孙穆子诸人而来。让我们用上述孔子论“仁”大义引用到人的“死生”问题上去。如《礼记·檀弓篇》说及人死后用“明器”殉葬的事：

> 孔子曰：“之死而致死之，不仁而不可为也。之死而致生之，不知而不可为也。是故竹不成用，瓦不成味，木不成斲，琴瑟张而不平，竽笙备而不和，有钟磬而无簨虡。其曰‘明器’，神明之也。”

这段话的大意说：人死了，真当他死了，未免太冷酷、太残忍，这是“不仁”。人死了，还当他如活人一般，未免太无头脑，太糊涂，这又是“不智”。用“明器”殉葬，便是要“仁”、“智”兼尽。

孔子解释用明器的道理，不是侧重在对付死人，而是侧重对付自己的心。心要温、要软，可是又要清楚、要明白。《论语》上说的“祭神如神在，我不与祭，如不祭”，也便是与此同一的道理。又有一段故事说：

> 子贡问孔子：“死者有知乎？”孔子曰：“吾欲言死

之有知，将恐孝子顺孙妨生以送死。吾欲言死之无知，将恐不孝之子弃其亲而不葬。赐欲知死者有知与无知，非今之急，后自知之。”

这一段话，与《论语》上“未知生，焉知死”的话，义亦相通。

如此推演，孔子的思想，既要仁智兼尽，又是主张人生的一元主义。因此既不成为宗教，又不成为科学。此种道理，我们姑且称之为“仁道”。此种学问，亦可姑且称之为“心学”。

六

现在再讲仁道如何能使人得“永生”与“不朽”。让我们举一事为例。孔子常常讲“孝”，孝是一种“心境”，是既规矩而又很舒服的，应有温柔的性格，同时也要有清楚的头脑。因此孝也便是仁、智、礼、乐合起来的一种心境，因此孝便是人心“仁”的一面。孝有他的对象，孝的对象是父母。孟子说：“仁者，人也。”又说：“仁，人心也。”郑注：“仁，相人偶也。”当知“相人偶”也便是人和人心的另一解释。何以见得呢？你必见父母才知孝，岂不是一个相人偶吗？人心断离不了对象，“性”与“相”是一对，“心”与“境”是一对，“能”与“所”是一对。若专从人事问题讲，便成“人伦主义”。若无伦偶，人心之情感与理智，从何而见？

外国人喜讲男女恋爱，恋爱的最高境界，还是要把我的理想在对方的人格上表现出。中国人却重在拿此理想对父母。《孝经》说："孝莫大于严父，严父莫大于配天，则周公其人也。"即是说，孝道之最伟大者，莫如尊严他父亲如上帝般，有如周公对文王般。母亲自然包括在内。这是一种极浪漫的心理，外国人用在男女恋爱上，中国人用来崇高孝道。不能说恋爱是人心之自然，孝便不是人心之自然。当知孝心还是发在爱心之前。

近人常常议论，孔子讲"孝"为甚么不讲"慈"？恋爱是男女平等的，孝便不平等。当知孔子立言，本为大众普遍而发。天下没有一个人没有父母，但却不一定人人有子女，所以讲孝道人人有份讲，慈便有人向隅，轮不到。若论平等，父慈子孝，本是平等的。孝要孝到博得父母的慈，慈要慈到获得子女的孝，如此则内与外，心与行，社会与个人，无不融而为一。"我"的生命表现在别人"非我"的身上，这便是"不朽"。我的不朽，即建筑在不是我的那边。孝的意义如此。立德、立功、立言的意义也是如此。全部人生意义只是如此。

发明电灯的人死了，而他的精神不死，事功也不死，即寄托在电灯上。这就是我前次所讲在深黑的东西上面发出来的光。我的生命，只在"不是我"的上面表现，只在"不是我"的上面发光。单是一个"我"无法表现，我只能在"不是我"处表现。生命等于放光，光放射在黑面上，我生命在不是我上，这是"相人偶"之道。

"我"同"不是我"融成了一片。所以孝或爱，不是要你去尽责任，而是你生活上内心上一种自然的要求，一种惟一可能的满足，这便是人生。这都还是讲的人的心上事。

人死了，心没有死。子见父，要如周公见文王一般。文王、周公死了，文王、周公那一番心境没有死，还在天壤之间。所以孝子是要死的，孝子的那一番孝心是不死的。后来再有一个孝子，那孝心还是和从前一个孝子的孝心一样。你与我都死了，只要你与我之心，也如别人的心一般，则自然仍在此世界放光发亮，仍是不死。这便是一个“永生”。

但这不是宗教，因为宗教以上帝为尊。也不是科学，因为科学完全讲的外边道理，与人心不相干。所以我称这一种学问做“心学”。

七

现在我们要问，孔子的那种心学是从哪里来的？像耶稣、穆罕默德的道理，都说是原本于上帝。科学的定理如二加二等于四，则自外面事物处得来。孔子的心学，则只是本于人心之经验。姑举《论语》开始第一章说之：

> 子曰：“学而时习之，不亦悦乎？有朋自远方来，不亦乐乎？人不知而不愠，不亦君子乎？”

此章尽人能诵，但若我们将此与希腊古哲苏格拉底之《对话录》一比，便见孔门讲学之特殊精神。苏格拉底与人讨论，常不见自己提出意见，只就对方所知逐步提出问题，由对方逐一作答，到后对方自能走上苏格拉底心中所预有之结论而共相首肯，其同时讨论者可以不止一人，并可有某人中途退席，而由别人接续讨论者。至其讨论之最后结果，虽不出席人，观其语录，亦可了然。此种方法，西方人谓之“产婆法”，谓苏格拉底只做了一产婆之工作。

我们若由此返观《论语》，孔子云：“学而时习之，不亦悦乎？”未尝不是一问句，但试问别人如何作答？苟非你先有一番学而时习的经验，你将无从措辞。而且此三语，又分着三个时期。当知“学而时习”是一个学者青年期可有的经验，至于“有朋自远方来”，则须其人学成名立，乃有嘤鸣之求，乃有志同道合之朋，声气相投之乐，此系一学者中年境界，青年初学人断不知此。至于“人不知而不愠”，则是学诣日深，外面知者日少，孔子所谓“知我者其天乎”，这已到了一学者晚年最高境界。非到此阶段的人，不能了解此句之情味。故此三语，包括尽了学者一生三个阶段之内心境界。苟非自有此经验，如何随便作答？此等处，可见孔子思想方法截然与苏格拉底者不同。

你读了《论语》这三句话，只有默默地拿来试一下，看是如何。所以孔子说：“信而好古，默而识之。”这是孔子教人为学的重要方法。

如何说“信而好古”呢？因为一人经验有限，于是不得不借助于他人之经验，如此则“心学”一转而进入“史学”。信而好古，便是把别人经验作参考，来作自己经验之帮助。学而时习，寓有一段乐趣，此是《论语》上所记孔子的经验，我们不妨姑且信任他的经验，再来自己亲证实验之。

如何说“默而识之”呢？因为此等既属人生实际经验，便非语言名字所能代替，你若从语言名字方面下工夫，便要差以毫厘，失之千里。譬如你听说梅兰芳唱戏唱得好，你不能即在言语上名字上推敲、辩论、思索，去想象与了解他是如何好，你须直接径自去听梅兰芳的唱。你若用言语名字来分析、来讲述，势将愈分析愈空洞、愈讲愈乏味。默而识之，便能真切直透到此经验之深处去。

八

上面讲孔子的学问，一种是“心学”，一种是“史学”，史学还要从心学下手。不了解人的心，断不能了解人的事。但人的心并非狭窄关闭在你的躯壳腔子内，当知人心应跳出躯壳腔子看。“我”与“非我”，“父”与“子”，“夫”与“妇”，“古”与“今”，会合而看，始见此心体之真，与心量之大，这是孔子之所谓“仁”。

因此孔子思想不仅把“人”与“我”的界限打破，“己”与“群”的界限打破，又把“生”与“死”的界限打破，积累史学以完成其心学。如此，则全部人生之演进，便完成一心体之演进。全部人生便进入了自然宇宙境界，如此则又把“人”与“天”的界限打破。

孔子之学，实在是六通四辟，广大无际，但发端则只在一“心”。

此种学问，到孟子出来，又得一番发挥，发挥些甚么？留待下次再讲。

（此讲于民国三十六年一月昆明《五华月刊》一期发表后曾作大幅增修。改稿于一九九二年八月刊载《中央日报》，以纪念讲者逝世两周年。）

第三讲　孟子和其他儒家

一

我在前次讲孔子的学说，分为两种：一种是“心学”，一种是“史学”。儒家思想的重要精神在此。孔子以后，能继承孔子而发扬光大之者，应首数孟子。所以讲孟子的思想，必要与孔子连续讲。“孟子道性善，言必称尧、舜。”“道性善”就是“心学”，“称尧、舜”就是“史学”。孟子的性善论，是拿史学来证明心学，拿心学来完成史学。分析开来讲，可以分为“本体论”与“人生论”两部分，现在先讲本体论。

二

关于“性”善或不善的讨论，乃中国学术史上一中心问题。此一问题，照现在一般人的眼光看，似乎解答起来很简单。只要拿西洋的心理学来解释就够了。如王静安先生曾说："性只是本能，没有善恶。"这话就表面看，似乎很新颖，很有道理。但若追根究柢，便知问题不如此简单。中国古代学者所说的"性"是否与外国学者所说的本能相同呢？"本能"是西洋心理学上的名词，"性"是中国思想史上的名词。最好先把中国自己立论的本旨弄清楚，再拿外国的学说来批评或比较，庶免混淆。

譬如小孩子生下来就会吃奶，在西洋心理学上说是"本能"，但中国思想史上并不就指此为"性"。中国人所谓性的意义何在？古今学者千言万语辩论不休。我以为还是孟子讲得好。孟子所说性善的道理，我们可以把孟子所说的"人心之所同然"这一句话来解释。孟子说：

> 富岁子弟多赖，凶岁子弟多暴。非天之降才尔殊也，其所以陷溺其心者然也。今夫麰麦，播种而耰之，其地同，树之时又同，浡然而生，至于日至之时，皆熟矣。虽有不同，则地有肥硗，雨露之养，人事之不齐也。故凡同类者，举相似也，何独至于人而疑之？圣人与我同类者。故龙子曰："不知足而为屦，我知其不为蒉也。"屦之相似，天下之足同也。口之于味，有同耆也；易牙，先得我口之所耆者也。如使口之于味也，其性与人殊，若犬马之与我不同类也，则天下何耆皆从易牙之于味也？至于味，天下期于易牙，是天

下之口相似也。惟耳亦然。至于声，天下期于师旷，是天下之耳相似也。惟目亦然。至于子都，天下莫不知其姣也。不知子都之姣者，无目者也。故曰：口之于味也，有同耆焉。耳之于声也，有同听焉。目之于色也，有同美焉。至于心，独无所同然乎？心之所同然者，何也？谓理也，义也。圣人先得我心之所同然耳。故理义之悦我心，犹刍豢之悦我口。

这一章书，孟子发挥性善的道理，可谓能近取譬，至为透彻。我们由口与耳目的嗜好都有共同的标准看来，可见人性是相同的。譬如名厨做菜，调和众味，大家一致公认说好。是他得着了吃的方面人之所同然。这是口的相似。又如听平剧，大家公认为梅兰芳唱的好。是在声音方面，梅兰芳得着了人之所同然。这是耳的相似。又如图画、雕刻等，上乘的作品，任何人都鉴赏起好感。这是在看的方面，作者得着了人之所同然。这是目的相似。外面的耳、目、口、鼻如是，我们心里边也一样。口与耳目所对的是滋味、好音、美色。心里边所感觉的是分别对与不对，是与非。这就是所谓“理义”。在口尝味、耳听声、目观色等方面，大家所认为好的标准，虽然大体相同，但并不能人人都达到此境界。必要待如易牙、师旷、子都诸人，把此标准公开揭出，大家始悦然释然的觉得此标准对，此标准好。在人心里亦复如是，你有你的见解，我有我的见解，“人心之不同如其面”，只有圣人始找到大家所公认为对的说出来。大家一得此标准，也就认为对，认为好，这也就是人心之所同然。所以陆象山说：

> 东海有圣人出焉，此心同，此理同也。西海有圣人出焉，此心同，此理同也。……

当知“心同”、“理同”，此乃圣人境界，在一个平常人，却未必能如此。但圣人与我同类者。平常人相互间，虽未必能达到心同、理同的境界，但一听到圣人的道理，也便一致公认为对。可见人性不殊，即便是人性之善处，此处便是孟子讲性善论的精义。

三

反对孟子的有荀子的“性恶论”。他立论的主旨，以为人群全靠着政府法律来管束和教育来指导，才能够有秩序。假使一旦取消了政府、法律、教育等等，我们试想一想，目前的社会立刻会变成一个什么样子？所以他认为人性是恶的，桀、纣是本性如此，尧、舜倒是修为而成的。不管、不教，人便要坏下去，所以他主张说“性恶”。我们回头来看，孟子生在荀子前，固然不能和荀子相辩驳。但在孟子书中，却有一段话，不啻回答了这个问题。这是孟子辟墨子弟子的话，他说：

盖上世尝有不葬其亲者。其亲死，则举而委之于壑。他日过之，狐狸食之，蝇蚋姑嘬之。其颡有泚，睨而不视。夫泚也，非为人泚，中心达于面目，盖归反虆梩而掩之。掩之诚是也，则孝子仁人之掩其亲，亦必有道矣。

孟子拿葬礼的开始为例，来说明了人类文化演进之本源。当知目前的社会，已经经过了相当时期的文化演进。固然还脱不了要靠许多管教来互相维系，但这些管教总还是好的。荀子亦并没有说他们不好。但我们不妨由此逆溯，在上古时期，那时还没有文化，自然也没有管教，那些法律、教育一切制度却如何地逐渐产生呢？在荀子的意见，必然认为这些都是圣人的功绩。但圣人是不是人呢？圣人能创造这些法律、教育等制度来使人类文化演进，这岂不已就证成了人性之善吗？

别件事不说，单拿葬礼来说吧！古代本来是没有葬礼的，在孟子想象中，古代的人死了，扔掉就算。有一天，某一个人走过他已死的父亲被扔的地方，看见他父亲的遗骸，做了狐狸的食品，许多苍蝇蛆虫攒集。他一见之后，不自觉的头额上微微的出了一些儿冷汗，这些儿冷汗，不是怕着他人批评他不孝而出的。当知那时本来没有孝与不孝的问题，也没有那种教训。那人的这些汗，是由他内心情感上自然流露出来的。于是他急忙跑回家，拿着锄头转来把他父亲的死尸掩埋了。这事传开去，必是得了大家内心的同然，大家才依仿着他，也来把各自的亲属的死尸掩埋了。这就是上古葬礼的开始。

我们可以再替孟子补充往后的情形。平土掩埋之后，难免又被狐狸挖出，于是进一步才有棺椁之制。后来慢慢又感觉到要去葬处徘徊凭吊，怕葬久后，记不得葬地，才有了坟墓，才立了碑志，遂成了现社会共行共由的一些丧葬礼节。

当知这不是某个圣人一时的发明，而是全人类在一天一天中，进步形成的。这不是圣人的政治、法律、教育来强制或愚弄人民而有此礼节，这是风俗与礼教之自然形成，他的背后支持着的是人类共同的“良心”。最先表现在那人额上的些微冷汗，就是人类性善之表现。从此可知一切人类社会文化演进，种种法律、政教之产出与形成，并非由于外面的力量所致，而是人类内部所自有的同然之心之所自然流露而完成。

荀子以为没有教师和法官，便将不成世界，照孟子道理讲，教师、法官都是后起的事，在人类中能产生教师和法官，这便是人类性善之征。而且教师、法官也同样是个人，创制教师、法官制度的圣人，也还同样是个人。我们不要把人的地位看得太低，把圣人的地位看得太高，当知那额上出些微冷汗的人，也便是圣人。孟子又说：

> 尧舜，性之也；汤武，反之也。

什么叫做“性之”？那额上出汗的人，就是他一时天性流露，先得着“人心之所同然”，这便是性之了。尧舜之所以为尧舜，就是由这道理扩充出来。什么叫做“反之”？在某一个偶然的天性流露，别人见了，反身一想，觉得他不错，也照样来模仿，这便是反之。汤武之所以为汤武，就是由这道理扩充出来。“性之”是人心自然流露，“反之”是反之于吾心而觉得其不错。

何以说尧舜是性之？而汤武是反之呢？因是孟子把尧舜来代表人类第一期的文化，那时以前再没有圣人，所以那时的圣人是性之的。汤武是代表人类第二期的文化，在汤武以前早已有过圣人了，所以汤武是反之的。我们也可说孔孟的学说亦复如是，孔子是性之的，孟子是反之的。在此，我们要想到陆象山所说的话，他说：

> 尧舜以前曾读何书来？

又说：

> 我虽不识一字，也要堂堂地做一个人。

这些话却一半对，一半不对。我们不能肯定说尧舜性之，便不读书。孟子说：

> 舜之居深山之中，与木石居，与鹿豕游，其所以异于深山之野人者几希。及其闻一善言，见一善行，若决江河，沛然莫之能御。

舜与深山野人不异，这便是孔子所说的“性相近”。舜看见别人的好言语、好行为，立刻能感动，能模仿，这是孟子所说的“性善”。如此，则虽没有读书，却等于读书了。所以说陆象山只道着一面。

我们从此又可说尧舜也已是“反之”的，只有那上面所说的额上出些冷汗的人，才是“性之”的。第一个人、第一件事，发于本性，是“性之”。第二个人、第二件事，反之本性，是“反之”。其实反之也还是性之，所以汤武也还是性之的。在这样性之、反之，性之、反之……的情形下，人类的文化演进了。荀子因为不明此理，所以要说人性恶。

孟子又说：

> 万物皆备于我矣，反身而诚，乐莫大焉。

现在人看到“物”字，便想到西方哲学上的“唯物论”。其实中国古书中所讲的“物”，是指“标准”说。譬如“孝”字是做儿子的标准，“慈”是做父母的标准。孟子说：“一切好的标准，我自己内心都具备了。倘使一个人反身自问，觉得外面一切好标准，便是我内心一切真要求，那时内外如一，岂不痛快极了。”否则外面一种想法，内面另一种想法，犹如听不懂唱戏的情节，而跟着他人笑，岂不痛苦！当知人文进步，决不能在此不自然状态中实现。故知一切人文演进，皆由人类天理自然要求，这便是孟子性善论之真义。“反身而诚”、“汤武反之”的“反”字，便是要就外面的人文演进来向内找寻到人心之所同然，即是人文演进本源处。这即是人类之天性。天性是“自然”的，因此也是“常然”的。进一步说，又是“必然”的。

我们若由此理论来看性善，便知性的发挥，可以一天比一天提高。好的方面，应该常在进步中。譬如梅兰芳唱戏虽好，将来应该还有比他更好的。这才是性善论的真义。“孟子道性善，言必称尧舜”，只以尧舜为示范，却不以尧舜为极限。“人心之所同然”，只是一形式，其内容则可以时时朝前进。即在思想方面亦然。孟子既发扬孔子的道理，《中庸》、《大学》、《易经》，又继续发扬孔孟的道理。而有些处比孔孟更为透彻。《中庸》、《大学》、《易经》，是《孟子》以后的作品，已有确证，但此属于考据方面。今天讲思想史，只可从略，以后另有专题讲述。现在先举出和孟子性善论相发明的道理。

四

《中庸》说：

> 自诚明，谓之性。自明诚，谓之教。

前两句即是性之，后两句即是反之。又说：

> 诚者，天之道也。诚之者，人之道也。

第一句是性之，第二句是反之。又说：

> 至诚无息。

一般的谈话中，每每以为诚是我心中的至诚向外发射，故说是“我的诚心”。其实此只说了一方面。若衡以《孟子》、《学》、《庸》的道理，“诚”字并不像一般人所想的单纯。真正的诚心是我心与你心所同然。进一步说，是一切人心所同然。再进一步说，是永久的人心所同然，始得谓之“诚”。否则只是伪，只是虚，不是诚。一件东西，一个道理，三五十年后便消灭了，没有了，这便是不诚，这便不是由性所发。所以说：

> 至诚无息，不息则久，久则征，征则悠远，悠远则博厚，博厚则高明。

又说：

> 诚则形，形则著，著则明，明则动，动则变，变则化，唯天下至诚为能化。

这才是诚的极功，也才是性善的极致。“化”的作用，好像在一杯水里放进盐，化了，才会有咸味。性的功用，由“无息”到“能化”，这叫做“由诚显性”。有人说袁世凯诚心做皇帝，为什么做不成？其实他既蓄意盗国，他并没有把握到人心之所同然，如何能说他诚心呢？没有人同意他，便是他的心不诚。反之，云南护国起义，那是大家心所同然，这是一个“诚”。诚便能“形”，形之于事，自然著之于功。护国成功了，而且这一成功，还得继续存在，不息前进，造成了历史正面积极的一步，影响还及于将来。又如最近八年抗战，虽然有人说一部分靠外力，其主要还在于我们上下一心，不屈不挠，这还是一个诚。所以《中庸》说：

> 诚者，物之终始，不诚无物。

这是说世上一切物全由诚而起，诚便是性，性便是自然。若说世上一切物全是自然，不如说世上一切物全是诚，全是真实不虚。真实不虚，才是性，才是性之善。

我们再看《易经》。《易经》成书又在《中庸》之后，至少当与《中庸》同时。《易·系辞》说：

> 一阴一阳之谓道，继之者善也，成之者性也。

阴阳的道理，就是第一次所讲死生魂魄的道理。在阴阳变化中间，好的继续下去，不好的不继续了。反过来说，继续得下的便是好的，继续不下便不好。就如上段所举掩埋父母的事，你继续下来了。“齐景公有马千驷，死之日，民无得而称焉。”这便是继续不下。和孔子同时的何啻几千万人？那些人的思想行动，何啻几千万样？但他们的行动和思想，都失传了，消灭了，不能继续了。孔子的行动思想，还在人人心中，还继续在影响着历史，这就是因为他得着人心之所同然。这就是“继之者善也，成之者性也”。此处“性”字，却不是指的最先的，乃是指的最后的。世上一切，只有最后完成，最后存在，最后还继续的才是性。如此般存在而继续，自然要进步。

章太炎先生曾说：“世上好的进步，不好的也同时进步。”他举出枪炮可以保卫人，也可以害人为例。其实此义不然，好的进步，是有系统性的，有继续性的。坏的不能系统地继续，只是一段一段地产生，只寄托在好的身上而存在。因此好像好的进步，坏的也在进步。有些人以为战争是人类的大性，这亦不然。战争是不能永久的继续，只有和平始能永久继续，这才是人类的天性，这才能完成一件东西。战争并不能永久继续，因此也不能完成什么，因此说它非人类之天性。儒家讲性善，是融会心学、史学而发挥的。这对人类文化演进的道理确有大贡献。这须由孟子至于《中庸》、《易经》，始完成了这一方面的精义。以上大体是说的本体论方面的。

五

现在我们继续探讨人生论：

《大学》三纲领由“明德”、“亲民”到“止于至善”。朱子注“止”字说是：

> 至于是而不迁。

这就是说，跑到这里，不再移动。这是“止”字的极好解释，因为他讲出“止”字的精神来。当知“止于至善”是一种不易做到的境界，因为止于至善是绝对的，非相对的。何以说呢？譬如别个国家侵犯你，你便和那国家开起战来，这便失了和平。战争便不是至善，无论你是主动或被动，你既从事战争，便不是至善了。从私人方面讲，父慈子孝是至善的，世上尽有人因父母不慈，他也不孝，这便不是止于至善。无论国家怎样，我总是要爱国，总是要忠于国。不管父母如何，我总是要尽孝道，总是不失做儿子的本位，这才算得止于至善。《中庸》上曾举射箭为譬：

> 射有似乎君子，失诸正鹄，反求诸其身。

一般人射箭不中，他自然说自己的射法不熟巧，却不敢以为是箭靶子的地位放得不正。是自己射得偏左了，不是箭靶子的地位偏右了。只要你能射，无论箭靶子地位偏左偏右，你都能射中。假如你不会射，无论你把箭靶子的地位如何合你意般移动，还是不能中。所以你不必移动箭靶子，最好是反求诸其身。现在我们政府以为人民不好，人民以为政府不好。政府看人民总以为不如外国人民好，人民看政府也以为不如外国政府好。这都是想移动箭靶子的观念。所以《大学》推究欲治其国者，先齐其家，再推到修身、正心、诚意、致知的功夫，而致知在格物。上面说过，物是标准，如果标准不定，行动是没有办法的。所以靶子最好不移动，而应该去想改良你射箭的方法。这就是尽其在我，这就是格物，这才是治国平天下的根本之图。

《中庸》又说：

> 宽柔以教，不报无道。

政府对人民，人民对政府，要互相谅解。将自己的心放宽了，放软了，碰到死硬派，不理会他。这不是示弱，还是一种教训。国家和人民如此，个人相与亦如此。此种精神，即是“中庸”之道。

中庸之道最讲理，可是并不是妥协，也不是不着两头的折衷。不着两头的折衷，是不死不活的。乡愿派不是中庸，中庸是“执其两端，用其中于民”。任何两极端都可用，只要能中，便不论其极端与非极端，抑是此极端与那极端。所以只要你是忠臣，汉、唐盛世可以忠，南宋、晚明之世，一样的能忠。只要你是孝子，以文王为父，可以做周公；以瞽瞍为父，也可以做大舜。大舜对于他的父母的种种横逆，都能容忍。他只用尽种种方法，不离孝道，这便是“反求诸其身”的榜样。也是“宽柔以教”的精神。那样才算得“止于至善”。《孟子》书中有一段发挥这道理说：

> 君子所以异于人者，以其存心也。君子以仁存心，以礼存心。仁者爱人，有礼者敬人。爱人者人恒爱之，敬人者人恒敬之。有人于此，其待我以横逆，则君子必自反也：我必不仁也，必无礼也，此物奚宜至哉？其自反而仁矣，自反而有礼矣，其横逆犹是也。君子必自反也：我必不忠。自反而忠矣，其横逆犹是也。君子曰：此亦妄人也已矣！如此则与禽兽奚择哉？于禽兽又何难焉？

这就是“失诸正鹄，反求诸其身”。一切总是以自反为主。一而再，再而三，总要射中那靶子。这种功夫为之不已，说他顽固，算是顽固到极点。说他自然，也自然到极点，正符合上面本体论所讲由诚显性的地步。“成已，仁也；成物，智也”，他不但是成就了自己，还成就了大众。所以说是“性之德也”，就是得着人我内心之所同然。性善的确证在此。这是“合外内之道”，把自己与大众打成了一片。“固时措之宜也”，“无入而不自得”，什么地方、什么时候，只要有此精神，自然做得无不合宜。这才算尽了一己之性。尽己之性，可以尽人之性，然后可以尽物之性，而后可以赞天地之化育，与天地参。这还是自己性分上事，岂是上帝的意志管得着的？又岂是简单的拿婴孩的本能之说，可以讲得清楚的？

中国的传统文化，正因为有此种精神贯彻在内，所以既悠久，又坚韧，直到现在，还能屹立于天地之间。这是由本体论表现在人生论上的伟绩。

上面把《孟子》、《中庸》、《大学》、《易经》一贯的道理弄明白，才算明白了儒家的中心思想，最高理论。下次讲儒家的反对派，再作比较的研究。

第四讲　墨　子

一

上两次讲儒家思想，这一次接讲儒家的反对派墨家。我们上面说过，研究思想史，应该由精细的地方，找出各家各派相互间的不同点。但是不同之中，终有他们的相同处。大凡成功一派思想的，必有他的条理与方法。我们顺着他的条理与方法，随便拈出他所阐述的一段理论来研究，你试追寻此段理论从何而来？问他个为什么？则必然见有他的来源，他的根据。如此一路问上去，问到他思想的最后根据，即是他理论的最先发源处，亦可说是他理论之最后归宿处。这好比一座山，必有一个主峰，再就主峰寻上去，才找到他属于哪一山脉。又如水道，也要慢慢寻找。长江的发源地，直到明代才找到。此在思想上说，所谓“言有统宗”。一切成家成派的言论，必有他的系统与宗主。粗浅的讲，如由儿子追到父亲，又由父亲追到祖父、曾祖父以上，乃至所知的始祖，终究要找到他的老祖宗，这叫做“万法归宗”。

思想家讲话，看来很复杂，但是有他最重要的一句话，做他一切话的宗本。因此一切思想家，都可归在几个大系统里面，尽管是各有各的理论，但总不外于几个系统的最高原则之内，我们可以借用佛经里一句话，叫它做“第一义”。由第一义再产生第二义、第三义，以至无穷。转过来回到第一义，即是他说话的最后根据，从此再追问他，便没有了。如果还有根据，则还不算是他的第一义。以此眼光来看全世界的各思想家，大体可以分做三个宗派，也可以说四个系统，任何一个思想家必不能外于这个宗派和系统。

第一是“天统”。这是宗教家，以上帝的意志为他们的最后根据，一切理论最后归宿都在上帝，惟有上帝便不用再加解释了，此外哲学家里有宗天、法天的，也可归入这一派。

第二是“人统”。此一系统又可分为两派：一种是根据自己的，一切从自己出发，“我”就是第一义。如德国的尼采，即属此派，可称为“己统”。另一派是以人类大群为宗，最后归宿在大群集体。不看重个人的地位。如西方德、意的纳粹主义，和苏维埃的共产主义，就是由此派思想所发挥。此可称为“群统”。己统与群统，大抵多讲政治、社会，以及伦理、教育等问题。

第三是“物统”。一切理论以物为根据，人也是一物。此派演成一切自然科学以及哲学中之“唯物论”者。如达尔文进化论可为一例。他拿自然的眼光来研究一切，决定一切。主宰一切的不是上帝，也不是人自己，而是外面的物。

二

以上四系统，天统成为“宗教”，物统成为“科学”，人统中讲的是政治、社会、伦理、教育等等，由己统演成“个人主义”，由群统演成“社会主义”。

若把“理”字来讲，天统讲的“天理”，物统讲的“物理”，己统讲的是“情理”，群统讲的是“法理”，或说“事理”，因此他们便各各言之有理。任何思想家，总逃不了这三大宗派、四大系统。若讲到详细的节目，当然也还有许多区别。

现在我们回看中国古代思想。孔子是属于人统的，在人本思想中，他又以自己为出发点的，所以孔子是“己统”。儒家另一派荀子，则侧重群众大团体，他看重讲礼节、法律，着眼在大众上，应属“群统”。庄、老法自然，属“物统”，墨子宗法上帝，当然属于“天统”。因此道、墨两家都是儒家的反对派。

汉儒讲“五常”，把孟子所讲的“仁、义、礼、智”加上一个“信”字，这五个字恰巧可以分给这四派思想。

孔子发挥的是“仁”字。仁是你自己的心，由心之所同然处出发。墨子认为孔子的讲法有毛病，以自己为出发点，其弊每易流于自私。就如孝道，你孝你的父母，他孝他的父母，岂不成了各自的私心？个人主义、家族主义，狭小的自私主义，毛病都在此。

墨子想改正过这偏处来，才提出“义”字来讲。义就是公的，今天江湖上和帮会中人，有事大家做，有钱大家用，都称为“义气”，便是此义。

孟子时代比墨子稍后，他便采取了墨子学说的优点，加进孔子思想里去，把“仁”字与“义”字一同讲，墨子的一半天下，仍然被儒家收回来。

荀子学说以讲“礼”为中心，一切重在大群，所讨论的都是些风俗、政治、法律等等的问题。庄子既属自然主义者，他虽反对知识，其实他所讲的还是偏重在“智”字，就是要找出事物的真相与自然的条理来。

所以说仁、义、礼、智四字，恰巧形成学说上的四个大派别。但要成功一派思想，还有一个基本条件，就是要“信”。要“自信”，又要“共信”。如果你自己不能自信，又得不着大众的共信，如何能形成一派学说呢？

但思想上又有主“融通”与主“简弃”的分别。

如近代偏激的唯物论者，他们只尊一统，而拒绝了其他各家各派的理论。古代宗教家，也有采取极端排斥，与压抑异端的，这些都是尚简弃者。尚融通的，则他自己虽有一立场，而主张吸收别人观点，调和融化。儒家态度之长处，便在此。孔子思想极重融通，因此后来儒家很注意把各家各派的长处吸取，再融而为一。如孟子已经融会了墨子，后来《中庸》讲“赞天地之化育”，便融会了庄子。

即如佛教，极为伟大，但传到中国，也被儒家融会了。佛教说“空”义，儒家讲修身、齐家、治国、平天下。但宋儒说“尧舜事业如太空中一点浮云过目”，宋、明儒却能接受佛教精华，但还是儒家面目。中国思想，因受孔子与儒家思想的影响，故能包容一切，慢慢儿把他消化下去。自孔子以来的儒家，都不约而同的朝着这方向走，此是后话。现在我们先把批评孔子与儒家的墨、道两派讲一讲。

三

墨子要反对儒家的个人主义，他所讲的最高标准便是“天”。孔子说：

己所不欲，勿施于人。

这是他所说“一言而可以终身行之”的“恕”道。但恕道也还是从自己出发，把自己做标准。墨子不宗己，转而宗天。他说：

天何欲何恶？天欲义而恶不义。(《天志》上)

又说：

义自天出。(《天志》中)

天所要的是义，天所厌恶的是不义。“义”是上帝所定的标准，因此义是属于外边的，不是由你或我个人生出的。现在社会上结拜的兄弟叫义兄弟，还有义子、义父，都是外边生起的关系，可见社会上用义字还是看他是外边的。

墨子讲“义”有三大法则，他说：

> 天欲人之有力相营，有道相教，有财相分也。(《天志》下)

你有气力，天要你帮助人家作事。你有钱财，天要你分给大家。你懂得道理，天要你传授给别人。这三条，是墨子提出来的义，这叫做“正义”。墨子说：

> 义者，正也。(《天志》下)

又说：

> 正者，无自下正上，必自上正下。

所以墨子主张“尚同”。尚同之极，便是上同于天。尚同便只有一义，故说“一同天下之义”，又说“尚同一义”。他又说“一人一义则乱”，故他“置天志以为仪法”，使大家法天一仪，这便是“大同”世界。若你“有余力不能以相劳，腐朽余财不以相分，隐匿良道不以相教”，那些都是不义，那时的世界也便不能大同，最多只是“小康”了。必明白得上面一番话，才可来讲墨子的“兼爱论”。

现在人都把他兼爱的意思讲错了，以为兼爱是泛爱、博爱，对任何人都同情，便是兼爱，其实此非墨子义。须知“兼爱”的反面是“别爱”。爱有了分别，如儒家“老吾老以及人之老”，此即是别爱。“老吾老”，是从自己的关系而起。照墨子说“上帝看一切人一律平等”，因此爱人也要平等的爱，怎能以自己的亲疏而对人分厚薄呢？你既以自己为本位，那么一个人有一个自己，即便是“一人一义”。墨子说：

> 顺天之意者兼，反天之意者别。

这是说天的意思是无分别的，分别的只是人。即如中国人以中国为第一位，日本为第二位；日本人也以自己为第一位，中国为第二位；当然要打起来，天下大乱，病根在此。墨子的兼爱，是平等的，看别人的父亲要同自己的一样，所以说：

> 视人之父若其父。

这层似乎不易做到。但反过来说，你看自己的父亲同别人的父亲一样，就容易了。这一点很像耶稣。在《新约·马太福音》第十二章有一段说：耶稣正在播道，或告耶稣，其母及弟来，欲与耶稣言。耶稣云："孰为吾母？孰为吾弟？"乃张手向其徒曰："凡遵行吾天父意旨者，一切老的都是我的母亲，一切少的就是我兄弟。"照耶稣的话讲，是不分别爱的准绳。这样无分别的爱，第一个吃亏的自然是他的父母。所以孟子说：

> 墨氏兼爱，是无父也。

但墨子说，照我讲法，全世界人都成了我父母的儿子，哪里会吃亏呢？

墨子又说："譬如你有两个朋友，一个讲别爱，一个讲兼爱，你现在要出门远行，你的家庭想托给两个中哪一个照顾呢？想必你是一定交给那讲兼爱的了。可见世人也都赞成兼爱，但为何在理论上却要反对呢？"话虽如此，实际却尽有问题。你要看别人父亲同自己父亲一样，固不易，你便看自己父亲同别人父亲一般，亦有困难。墨子的兼爱论，到底有些违反人情，所以墨子学说不容易得到后人的赞同。

孔子只讲"仁"，凡事只问你自己良心安不安。宰我反对三年之丧，孔子说：

> 于汝安乎？汝安则为之。

孔子只讲"人情"，孔子要在人情上来建立"天理"。墨子却把天理来抹杀人情。我们问他的道理？他便推到上帝头上。

但墨子讲上帝，又和耶稣不同。耶稣说他是上帝派来的，耶稣就可以代表上帝。墨子却不能，他不像耶稣般说他是上帝的儿子，由上帝派来，这里边便有一个信仰的问题。正如古代的犹太人、阿剌伯人，都信有个上帝，都信上帝会派人到世上来。由“共信”酝酿出“自信”。所以耶稣和穆罕默德都自信自己是上帝派来的人了。中国古代早已没有这种信仰，先已无有此种共信。墨子也不能忽然的自信。因此墨子讲上帝，却须另外找根据。他说，他讲上帝是有根据的，他的根据有三：

一、是本之于古代圣王之言，都在讲天，都在讲上帝。

二、是社会上一般人也都看见上帝，听见上帝，自然的会对天发誓。

三、你若相信了上帝，自然会有好处。国家、社会、私人皆然。

墨子拿这三个道理来讲，这是一个理论的信仰，逻辑的宗教。墨子并不想做教主，而是一位“功利主义”、“实用主义”者。请问功利主义和实用主义，如何能仰赖在上帝身上呢？而且墨子讲的，不是个人主义的功利和实用，乃是为大群着眼的功利和实用。试问你单把空洞的一位上帝，如何能得每个私人的服从和拥护呢？墨子学说内在的矛盾如此，宜乎不能畅行。

归结来说，要使人舍弃自己的情感来服从你，除非你用宗教的信仰来克服他，或是以法律来强制他。如墨子宣扬兼爱理论，说这是上帝的意思，试问上帝在哪里呢？墨子又要拿另外的道理来讲，便没有力量了。这个上帝已不是他的最后根据了。

但墨子不仅他私人的人格有力量，他的学说也有力量，他反对儒家，儒家却不得不采用墨家。孟子书中曾和告子辩论过"仁内义外"的道理。告子义外的主张，很接近墨子。孟子把墨子的道理容纳下去，略为改变，说仁义皆由内发。此一段辩论，关系甚大。儒家思想因为能融化墨义，由此遂树立了儒家的不拔之基。

四

儒家有一部书名叫《孝经》，不知是谁作的，这一部书也很采了墨子思想的精英。《孝经》说：

> 先之以兼爱，而民莫遗其亲。

孝道不仅对父母，还要推扩到各方面，这些实在就是墨子尚同、兼爱的道理。章太炎先生曾有《孝经本夏法说》一篇文章，已经见到此层。《孝经》是此后儒家一部人人必读的书，但早有墨义包容在内了。

此外《小戴礼记》中的《礼运篇》，也是采自《墨子》的。《礼运》讲"大同"，便是墨子的"尚同"，他说：

> 大道之行也，天下为公，选贤与能，讲信修睦。故人不独亲其亲，不独子其子，使老有所终，壮有所

用，幼有所长，矜、寡、孤、独、废、疾者皆有所养。男有分，女有归。货恶其弃于地也，不必藏于己，力恶其不出于身也，不必为己。是故谋闭而不兴，盗窃乱贼而不作，故外户而不闭。是谓大同。

今大道既隐，天下为家，各亲其亲，各子其子，货力为己，大人世及以为礼，城郭沟池以为固，礼义以为纪。以正君臣，以笃父子，以睦兄弟，以和夫妇，以设制度，以立田里，以贤勇、知，以功为己，故谋用是作，而兵由此起。禹、汤、文、武、成王、周公，由此其选也。此六君子者，未有不谨于礼者也。以著其义，以考其信，著有过，刑仁讲让，示民有常，如有不由此者，在势者去，众以为殃。是谓小康。

此处所谓“不独亲其亲，子其子”，岂不是墨子的兼爱吗？所谓“货不藏于已”，岂不是墨子有财分给别人吗？所谓“力不出于身”，岂不是有力量帮助人吗？大同是天下为公，小康是天下为家。天下为家，正是墨子最反对的儒家流弊所必至。

今附带说及此：“天下为公”的“为”字怎么讲？今人一般都当做“是”字讲，说天下是公的，这实在是误解文义。此句应连上句一起讲，说大道推行的时候，天下都是为了大众。我的气力是为了大众，我的钱财、学识也是为了大众。而小康时代，却是为了家庭着想。

儒家思想讲到大同，是最开扩的了，却是抄袭了墨家精彩的意见，但却排除了墨家的糟粕。因为他不再以上帝为出发点了，他也不说视人之父若其父了。“他山之石，可以攻错”，儒家反对派的墨子，却完成了儒家思想的体系。所以墨子的学说，现在像似失传了，其实他的精意都已收在儒家里面。我们由《孟子》、《孝经》和《礼运》的《大同篇》，可见到墨子的伟大，也可见到儒家思想的伟大，这也正是中国思想史上伟大的一点。

第五讲　道　家

一

中国思想的三大派：儒家以“人”为出发点。墨家是儒家的反对派，以“天”和“上帝”为出发点。道家也是儒家的反对派，以“物”为出发点。墨家、道家的时代，都在儒家之后。他们多少都矫正了儒家思想的缺失和流弊。

我们若再就另一方面说，儒家是“人本主义”者。墨家虽然讲天和上帝，但上帝的来源，是本之于古代圣王之言，和百姓耳目之实，并谓：“信仰上帝，对人类社会，自然有好处。”这三个原则，可以说都也站在人类的立场而讲，还是根据的人本位。

至于道家思想就不同了。他以为人之外，还有很多东西。怎么能以人的立场，来讲尽了天地间的大道理呢？人在天地间，地位太小，站在很小的地位，讲很大的道理，“以有涯随无涯”，是不可能的。所以道家可以说是“非人本主义者”，或“反人本主义者”。他超出人的立场，把人类平放在万物中间。我们不妨称道家思想为“物本位”的思想。

这样，中国上古思想的三个宗派，归摄成两个，即是“人”与“物”的对立。上次讲，墨家的精彩理论慢慢的被儒家吸收了，所以古代最先是儒、墨两大派，而后来却变成儒、道两大派。

二

道家思想的代表，应该先轮到庄子，而老子在其后。《老子》书的时代在《庄子》后，此属考证学范围，今不详论。

荀子批评庄子说，他只“知有天而不知有人”，此话极深刻有力量。若用现在语说之，庄子所说的“天”即是“自然”，也即是“物”。荀子也只是批评庄子是一个“物本位”主义者。但说天即自然，此理易懂。自然即是物，此理便难晓。反过来说，物即是自然，自然即是天。庄子讲的物，即是自然，即是天。此义似须解说。因为庄子对物的看法，与一般大不同。一般人所说的，指万物言，包括有生物、无生物。生物之中，又有植物、动物，如是乃至于万物。庄子的看法，却不这样。他以为要“视其所一”。就是要在一个地方去看万物的共通性。彻底的看，世界上只有一件东西。只有一物，而非万物。这便涉及了“一”与“多”的问题，即是“同”与“异”的问题。庄子说：

自其异者视之，肝胆楚越也。自其同者视之，万物皆一也。

又说：

假于异物，托于同体。

他的意思是说：一切物，全是假借许多的“异”，来形成一个共同的“一”。这和佛经上说人的身体是地、水、火、风四大和合，西洋人说人是几十种元素拼合而成的意义相同。你不要看他是一件东西，要知道是许多东西混合而成的。因为和合，所以没有自性。照庄子的讲法，一切物都可合可分，拼起来成一件，分开来就没有。因此他又说：

合即成体，散则为始。

就是说许多东西合成一件东西，散开来又变成另一件东西的开始。这又涉及了“成”与“坏”的问题，所以说：

道通为一。其分也，成也；其成也，毁也。凡物无成与毁，复通为一。

这样，任何一件东西都有两个问题，一是“同”与“异”的问题，一是“成”与“坏”的问题。换句话说，也即是“是”与“非”、“生”与“死”的问题。你不要以我为我，须知我只是许多东西拼成的。拼成的东西一旦分散，便是死。此是人生最大问题。“死”在这一个集合之内算为结束，但又是第二个集合的开始。死和生是更迭为因果的。

“死生”问题同时也是“是非”问题。死了便非我，活着的是我。一般人的想法，“死生”与“是非”是两件事，好像不相关涉，讲到高深处，“死生”与“是非”是一件事。庄子思想的主要点，只在说明“死生”、“是非”的一件事，说明他是一个。天地万物，逐一分析，便只剩了这一个。这一个是什么呢？他以为一切东西分析，到最后是“气”，希腊人叫“原子”。西洋近代科学分析到“电子”。电子只是一“动”。“动”与“静”相对待，也即是阴阳。庄子说“天地一气”，又说“气分阴阳”，很和希腊人及现代科学相近。

“气”要变的。“气变而有形，形变而有生。”气体拼合成物质，物质拼合成生命，这也很合于科学的，阳电、阴电配成了“电子”，以至于配成了生物。所以“人之生，气之聚也。聚则为生，散则为死”。

综结来说，天地之间，事事物物，假如拿不同的眼光看，是很多很多的东西，假如拿一个同一的眼光看，只是一件东西。这一件东西便叫“气”。“生死”、“是非”，只是一气之聚散。此乃庄子的自然哲学，也即是庄子的宇宙论。讲到此处，我们回想到第一讲子产、范宣子的说法，同样不主张有灵魂，同样接近于唯物论。这是中国思想之共通点。我们讲中国思想，应该注意这一个共同倾向，莫忽略了。

三

现在再由宇宙论讲到形而上学，要比较难讲些。我们试举目一看，圆颅方趾都是人。人是动物中的一种。动物以外，还有植物。有生物以外，还有无生物。有生物、无生物都是物。我们试问人从什么地方来？我们的始祖是谁？西方人说上帝造人，人是靠上帝降下灵魂而有生命的。佛家讲轮回无始有终，佛性无始无终。科学家由猩猩再推上去到生物、原生动物、无生物，依此推到地质学、天文学，以至于太阳。但太阳是哪里来的呢？遂又推到星云。然而天体无涯，再问星云哪里来的？便无法回答了。庄子既说万物原本于气，气还是在天地之间。有没有一种东西，先于天地的呢？他说：

> 物物者非物。

就是说：创造东西的，必不是东西。譬如我必是非我所造。又如杯子，是造杯子的人所造，即不是杯子的本身。他又说：

> 物出，不得先物也。

这意思是说：万物之先，必定没有物来造作。假如还有能造作的物，还应有造作他的物，便永远数不完。宗教家说上帝造万物，试问上帝又是谁造的呢？此亦无法回答。庄子的结论说：万物出于无，有不能与有为形，必出于无。这解答最彻底，在理论上当然如此。我们若再问“无”为什么能产生“有”呢？须知这是人类的思想习惯。思想只是内心讲话。讲话用的一切名字和文法，却不一定和外面真理实际相符。你一定要问世界一切万有从哪里来？便只好说从没有来。“没有”如何能生“万有”？讲到这里，便不能讲，不能想，此之谓“不可思议”。庄子教人“心斋”、“坐忘”，就是要领略这个境界。如果尽凭讲话来研穷天地间万事万物，这是靠不住的。此一问题，已超于宗教、哲学、科学之上，已不是理论思想的问题了。必不得已而定要理论，定要思想，则“凡东西，必不是东西造成的。凡有，必不是有造成的”。此是庄子的形而上学。

以上说明了宇宙怎样来？来自于“无”。如果往下讲，人死了还归哪里？依然还归于“无”。生物还归于无生物。无生物又还归于地球、太阳、星云，以至于还归于无物，结果依然是还归于“无”。所以人生由“无”而来，向“无”而去，这里便由“宇宙论”进入“人生论”。但是这道理怎样会知道的呢？这又要讲到“知识论”的范围，此问题更复杂了。

四

上面讲到“生死”、“有无”，便已是讲到“时间”的问题了。印度人讲时间，分为过去、现在、未来三世。近代科学家亦是如此。往上面讲，由动物学、生物学到地质学、天文学，愈讲愈远，讲不完。往下面讲，一样讲不完。无论在印度人或西洋人的脑子里，看生命，看世界、宇宙，都像很长的一条线。过去一头看不见，未来一头也看不见。现在只是这么一点点。由不可知的过去，到不可知的未来，所可知者，只是现在一段。又是那么短促，那么狭窄。

现在我要问诸位：你认为过去的不可知与未来的不可知，究是两件事呢，还是一件事呢？在你既是同样的不知道，又如何知道那两个不知道，定不是一个不知道呢？这两个无穷的两端，你如何又知道他们断不会碰头的呢？假如会碰头，岂不便成了一个圈？我们只知道很短的现在，至于始的无穷，与终的无穷，我们的知识分不出他是一、是二。一般人的想法，只想他是一条线（如后图甲），为何不试想他如一个圈呢？现在的天文学家讲天体是一个圆形，假如在此放一道光，尽远的去，最后仍得跑回来，那条光走到尽头，成为一大圈。庄子说：

> 焉知其所始？焉知其所终？

又说：

物有死生，道无终始。

这是说：时间便是一大圈，所以没有终始。也可说终即是始，始即是终。只短促的人生，在那大圆圈上，好像有一个起讫死生罢了。你把一个圆圈，一段一段切开，便见段段有起讫，那便是“物有死生”。若把此一段一段依然连接成一圆圈，则并无首尾并无起讫，那便是“道无终始”了。所以从道的观点看，“来”也不可知，“去”也不可知，只是这东西在不停的运行。

一切物分析到最后极微点，叫他做“气”，气的以前和以后都没有名字，勉强叫他做“道”。“道”没有开头，也没有结束。便也没有“死生是非”。于此可知庄子的道理，他说没有天地以前就有“道”。“道”是生天生地、生上帝、生鬼神、生一切万物的。《老子》说：

有物混成，先天地生。不知其名，强名之曰道。

这是道家的形上学。但我们莫误会了，认为真有一个“道”，在那里生天、生地、生鬼神、上帝，那又失了庄子的原义。《庄子》书中又设为子贡问孔子说：“未有天地可知乎？”孔子曰：“可。古犹今也。”没有天地以前，仍和既有天地以后一样，这就是说明“道无终始”的道理。道家的思想，总是警策人，不要根据你的小知识来瞎讲。时间无限，空间无限，无限不可知。你如何凭你短促微小的生命中间所有的一些儿知识，来断定他们是异是同，何来何去？而且你这些儿知识，还是包裹在无限不可知的里面，并不能超不知以为知。你所谓知者，依然是一无知。因此庄子说，“不知”是道，“浑沌”是道，而“明辨有知”反而不是道、不近道了。所以有知还是无知，有物还是无物。一切万有，只是一无。试问这无又从哪里来呢？则须知现在的有，就便是无来，永远在那里变。有即没有，没有即有。《老子》说：

> 常无，欲以观其妙；常有，欲以观其徼。此两者同出而异名。同谓之玄。玄之又玄，众妙之门。

这是说：同一天地，同一万物，你试从“无”的方面看他从哪里来？又从“有”的方面看他从哪里去？其实“有”与“无”本无分别。万物的来源，是一样的。他们的去路，还是一样的。人与狗，生物与无生物，只是一时名字称号不同而已。从此看进去，便是“众妙之门”。一切微妙端倪，都从此出。

假如说世界是上帝造的，那么世界如印字板刷出来的，未免太不科学，也太不合逻辑了。庄子说：

> 无始，非卒也。始卒若环，莫得其伦。

“环”便是圆圈。在圆圈上看不见始卒。每一个开头，即是结束。

每一个结束，也即是开头。佛法与西洋科学讲的无始终，是一条线的两头无限。而庄子讲的开头结束是一圈，是当体具足，没有对待的。你既不知道开头何始，结束何终？怎么知道开头和结束定是两个，不是一个呢？你怎么定知道是一条线而非一个圈呢？这是“知识论”上一大问题。印度和西洋主张“无限”，而中国则主张“具足”。从他们形而上学的认识不同，而影响到他们的人生论。在这方面，道家思想，尤其是庄子的思想，他的循环无伦的看法，实在于全世界人类的思想史上，有他绝特的贡献的。现在试设为三个图如下 ：

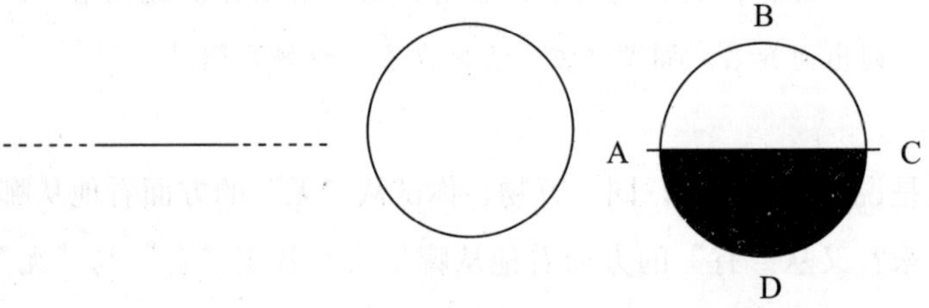

图甲　　图乙　　图丙

图甲表示印度和西洋的思想，是一条线的，两头无始无终。图乙表示道家的思想，“始卒若环”，此下便演变成《太极图》。图丙是我综合各家的发明。上面 ABC 一段，是我们生命中所可知的。下面 ADC 一段，漆黑一大团，便属不可知了。上面的“知道”和下面的“不知道”，浑沦一体。譬如一个球浮沉在水面，水平上的部分，和水平下的部分，本属一体。这和我上次所讲“一阴一阳之谓道”，阳只是阴的另一面，阴也只是阳的另一面，阴阳不能单独存在，意义相同。论我们的有生之时，不过一百年；不生的时候，却不知若干年？人类的历史，只有几千年；没有历史的时代，却不知有若干年？自有生物以来，假定有几十万年；没有生物以前，却又不知有若干年？所以庄子以为世界上可分为两件事：一是可知的，一是不可知的。过去的不可知与未来的不可知，不能勉强分他为两个。知道的与不知道的，由 AC 一段切线分开来，切线便是我们的生命，也即是我们的知识。人类的生命变动，知识也随而变动，所以那切线随时在移动。因此，ABC 一部分也随时变动。譬如水上浮球，那球身之呈现在水面上者，也是时时转动，不能凝定。在此时是可知，在彼时又变成不可知；在彼时可知，在此时又变成不可知。总之，可知只是不可知之一部分。球的总体是一不可知。可知部分是生命，不可知部分是自然。生命，即是自然的一部分。人，即是天的一部分。

所以庄子反对儒家以自己来衡量天地。他以为知识既无止境，所以最高的知识，要能在不可知的边缘停下。你的知识，要尽限度能停止在不能知的边限上。莫冒失跨过此边限，强不知以为知。若如庄子意，宗教家、科学家，都犯了此病。宗教家不用说了，即如科学家讲生物进化，“优胜劣败”，断定人类必会灭绝；此已是不可知的边界，只是一种假设，一种推断。因为马尔萨斯《人口论》的逆测，居然引起帝国主义攘夺残杀之惨酷，岂非至愚？至于宗教残杀，更属尽人皆知。西方科学家和宗教家，都不肯在不知的边界上停下，所以还有时而穷。

庄子说：

> 以其知之所知，养其知之所不知。

此一“养”字最妙，就是叫你听其自然，不要性急，不要胡闹，我们遇不知道的，只拿你知道的来培养。我们只知道这一点，便在这一点上停下，来培养我们不知道的许多点。庄子并不叫我们去寻求知道以外的事，但也并不教我们全不要知道。并不是不许我们有所知，只是叫我们不要强不知以为知，要拿知道的来培养不知道的。所以，要解决了人“生”的问题，才能解决人“死”的问题。“善吾生者，乃所以善吾死也。”荀子说：“庄子知有天而不知有人。”可算是不懂庄子思想的全体。

五

庄子又说：

> 天与人不相胜。

这和一般人所想“人定胜天”的道理，恰恰相反。他的意思是说：知道的与不知道的孰多？你为什么知道你所不知道的，比你知道的多呢？你根本不知道。那么不知道与知道，岂不平等了吗？假如你定要扩充大你知的领域，以人助天；譬如揠苗助长，或者催促小孩子长大，岂不是干傻事？你不要以天抹杀了人，不知道的尽多，但也不妨有知道的。也不要以人抹杀了天，你有了知道的，却不要忘了你还有不知道的。知道与不知道，相对并行，天不能胜人，人也不能胜天。这是“以其所知，养其所不知”。

这在讲庄子的知识论，而又讲到他的人生论的范围去了。庄子并不是反对知识，看重自然，他以为生命就是自然，知识就是自然。但为什么定要固执的看重了生命与知识，而看轻了自然呢？晋献公伐戎，获骊姬，骊姬哭得伤心。后来做了晋后，想起当时何必哭呢？庄周梦蝴蝶，真觉开心适意。醒来，依然是庄周。究竟是庄周梦蝴蝶呢？还是蝴蝶梦庄周？庄周也不必去管蝴蝶，蝴蝶也不必去管庄周。生不必管死，死不必管生。不知道的让他不知道，知道的让他知道，各不相犯，便得其养。所以，庄子妻死，鼓盆而歌。他根本无从知道他的妻子死后快活呢？不快活呢？既不知道，而为之悲伤，岂不是多余吗？进一步说，今天不必管明天，我也不必管人。《庄子·大宗师》有一段故事，兹引原文如下：

> 南伯子葵问乎女偊曰：“子之年长矣，而色若孺子，何也？”曰：“吾闻道矣。”南伯子葵曰：“道，可得学邪？”曰：“恶！恶可！子非其人也。夫卜梁倚有圣人之才，而无圣人之道。我有圣人之道，而无圣人之才。吾欲以教之，庶几其果为圣人乎！不然，以圣人之道，

告圣人之才，亦易矣。吾犹守而告之，参日而后能外天下。已外天下矣，吾又守之，七日而后外物。已外物矣，吾又守之，九日而后能外生。已外生矣，而后能朝彻。朝彻而后能见独。见独而后能无古今。无古今而后能入于不死不生。”

他由“外天下”、“外物”以至“外生”，不是不要生，而是要不怕死。这样头脑才会清楚，好像早上看的清楚般，这叫做“朝彻”。我们有一条生命，就有我的家、我的国……营营扰扰，你管我，我管你。孔子、墨子，都是要管人的。“彼亦一是非，此亦一是非”，天下大乱了。人们如互不侵犯，只看见一个东西，这叫做“见独”，而后可以无古今、无死生。这道理似乎难懂，“见独”究竟是“见”个什么呢？必不得已而要作一个解说，到那时，你只是知道了你不知道，看见了你看不见。知道与不知道，看见与看不见，浑融为一，便是那圆圈，便是那独一之体，便是上面所说“天人不相胜”。这些话太抽象了，但只要将上面庄子的宇宙论、知识论、人生论研究清楚，也就容易明白了。

六

至于庄子的“修为论”，由《齐物论》的“因是已”三个字，可以明白。“已”即是停止的意思，就在这上停止下来，便是“因是”而“已”。一般人都拿所知的侵犯所不知的，庄子要就此停下来，要“无适焉”，不从这里跑到那里。“灵台者，有持而不知其所持而不可持者也。”你心上边总有一件事，但是不必提心的照顾它。譬如你当听演讲的中间，你是不知道在听演讲的。假如以为我在听演讲，心就分了，就听不清楚。又如看电影、看小说、听音乐，要到忘其所以的地步，才是最精采的当儿。又如写字，假如当心写字，字便写不好了。所以心上的事，一切不能“持”，“持”了，便不成。

庄子又说，要“约分”。就是约其本分。切不要拿我们的一分，侵犯到其他的千万分。今天是几千万天中的一天，不要拿今天侵犯到其他的几千万天。人有人的道理，狗有狗的道理，不要拿人去衡量狗。今天有今天的道理，即使明天要死，今天不必侵犯明天，去计较他。面前摆着的东西不吃，而去找那找不到的东西吃，可谓自寻苦恼。如果能“约分”，今天既不必管明天，我也不必管人。如果强人同己，就要发生争端。人总是不肯在本分上停下，而要跑到自己不知的上面去。

庄子要人“虚”，“虚”不是空。“约分”是不空的。“因是”是不空的。“不知所持”，还是不空的。宋儒喻心如镜，“无将迎，无内外”，即是庄子的道理。不追逐，不收藏，随时反应，永远有东西来反应而无止息。此即是庄子《齐物论》的“因是已”，确是他精神修养的要诀。

七

明白了庄子思想的大概，现在我们试加以检讨。庄子的思想，是批评儒家的，但他批评的是儒家的流弊，而不是儒家的根本。他批评了儒家的毛病，而不是批评儒家的精神。所以庄子心中还是推尊孔子的。对于孔子门下的颜回，更可谓是无间辞了。

但是庄子思想也有毛病，如把心当做一面镜子，不将不迎，应而不藏，他说“惟道集虚”。后人又在“虚”字下加一个“静”字，其实心不像一面镜子，并不是静的。心是要有感应的。《易经》讲心，譬喻作龙，龙是能动的，镜是不动的，这便是庄了不及《易经》处。又庄子似乎只讲到人的理智，没有讲到人的性格。所以我说庄子思想较近于科学。科学是冷静的、纯理智的。孔子便把“性格”、“理智”合一而谈，而尤其是对于“性格”的成分居多。庄子讲“约分”，各走各的路，纯是个人主义。孔子讲孝道，孝不免要涉及到父亲、母亲。但儿子的孝，父亲、母亲必不拒绝，必能接受。“己所不欲，勿施于人”，“己欲立而立人，己欲达而达人”，虽然由自己出发，毕竟人我合一。后来《易经》自“潜龙勿用”到“亢龙有悔”，是本于庄子讲“一气之化”而进步了。气只是自然，龙便是人生，所以荀子到底要说“庄子知有天而不知有人”了。《中庸》讲“赞天地之化育”，也是本之于庄子而又进步了。儒家真聪明，收纳了墨家，又收纳了庄子。“化育”两字，“化”是庄子的，加上“育”字就不同了。道家说“天地不仁，以万物为刍狗”，没有生机可言。儒家说“天地之大德曰生”，就有了生机。“化育”两字，“化”是唯物的，“育”才有了性格。所以天地还是有良心的、有感情的。这样的宇宙论，又变成人本位的了。

自有《易经》、《中庸》出世，庄子的地位降下去，不能独持一帜了。庄子思想的精采处，又为儒家吸收融化了。所以想打倒孔子，是要有本领的。想拥护孔子，也要有本领的。今后以科学家解释宇宙人生知识的问题，能否废弃了孔子？抑或学孔子的人，能否如《易经》、《中庸》般的融会庄子，产生出新的儒学？要看今后学人的本领如何了。

第六讲　名　家

一

上几次讲的中国思想，儒家是正面的，墨家、道家是反面的。儒、墨、道三家，都属第一流的思想，影响于中国甚大。此后继续讲名家和阴阳家。名家和阴阳家，与前三家不同。只可算是第二流的思想。然此两派思想，却很难讲，现在已没有他们的书本流传了。要用钩沉的方法，好像沉在水里的东西，须设法钩上岸来。

名家与阴阳家的思想，有显著的不同。名家似乎是墨学的流衍，后来被人反对。到吕不韦时，调和战国各家各派学说，集为《吕氏春秋》，但这书里面，名家思想已很少，可见名家到此时，业已衰微。阴阳家继名家而起，阴阳家似是道家的流衍。他普遍流行在社会上层、下层各阶级。直到现在，阴阳家思想，还是弥漫。名家思想既已失传，所以讲起来很有趣味。阴阳家为什么流行如此普遍？也应该探究出其因缘。再以此两派，拿来和道、墨两家作一比较，更可看出学术思想演变中之一种姿态，这是极有意味的。而且中国人为何不欢迎墨家、名家？而欢迎道家、阴阳家？由此可见中国人的思想理路与其人生态度，所以在讲道、墨两家之后，特地提出此两家。现在先讲名家。

二

我且不讲名家思想的正面，先讲名家从何而起，又从何而失败。我曾写过一本小书，名叫《惠施公孙龙》，可以参看。惠、公孙两人，是中国名家的大师。惠施生前著书极多，但全已失传。《公孙龙子》传后者有七篇，字句很为难讲。昔人虽曾有注释，亦未把握到他的大旨。我曾把他逐字逐句注过。惠施的思想，只在《庄子·天下篇》里，留有“历物之意”，共十句。此外在《庄子》、《列子》书内，零零碎碎，还有一些。现在讲名家思想，所有材料，也只尽于此。据我看，名家是从墨家衍变而来的。

上面讲儒家，便有墨、道两大反对派。现在巧得很，名家、阴阳家两小派，名家从墨家来，阴阳家从道家来，成了两干上的两枝。

为什么说名家从墨家来呢？墨子讲兼爱，他最大根据谓是上帝的意旨。这是他不高明处。在他一二百年以前，子产、叔孙豹诸人，已进步到无神思想，墨子讲兼爱，反而开倒车。所以墨子以后，讲墨学的人，用他兼爱的口号，不用他上帝的论证。惠施改用“历物之意”，来分析万物，分析的最后一句说：

> *天地一体，泛爱万物。*

这是说：宇宙是一体的（此是他的宇宙论），所以我们要普爱万物（此是他的人生论）。这结论与墨子同，而讲法与墨子异。

墨子只讲爱人，如“视人之父如其父”。他在讲人伦，没有涉及人以外的万物。惠施说“泛爱万物”，爱的范围，比墨子更扩大了。因为惠施说“天地一体”，扩大了原来的论点，变化了由宗教的、信仰的、上帝的意旨，成为接近科学的、理论的、自然界的实相，万物一体。“万物一体”一语，后来宋、明儒程、朱、陆、王，都喜欢讲，其实这是惠施之说。这是名家思想在中国思想史上之大贡献。

为什么说万物一体呢？上面讲过，庄子看物之全体是共通为一体的，惠施与庄子同时，两人相处，很为莫逆，他的万物一体说，或许尚成立在庄子之前，说不定庄子思想，很受惠施的影响。惠施说：“万物有小异小同，大异大同。”譬如一个人与一条狗，同为动物，这是他们的相同点。但人是人，狗是狗，这是他们的不同点。乃至左手、右手，又有更小的异同。而一手的五指，他的异同更小了。若把同点扩大时，动物与动物相同，而与植物、矿物相异。但动物与植物、矿物，同时又同为一物。因此由异的方面讲，小到不可再小，都有他不相同处。由同的方面讲，大到任何程度，都有他相同处。“毕同”者叫“大一”，“毕异”者叫“小一”。这是惠施“历物”最扼要的方法。

三

庄子与惠施同样讲“一体异同”，而两人相互间也有不同。他们在形式上是同的，在精神上则不一样。惠施的一体说，是用“名”来分析，因此成其为“名家”。他拿一切“名”来分析事物。让我们把我们的话来代惠施说：譬如一座桥，依然是一条路，只路的下面是实的，桥的下面是虚的。路是平的，桥是凸的。可见桥的一名，是比较而生。其实桥与路，并非两物。又如河，是在地下面一条有水流的深沟，离开了地、沟与水，本来没有河这样东西。这是从“没有”看“有”。又如看法帖，黑处看成没有东西，白处看成字。再如影子，只能说是没有光的地方。离开了光，便没有影的存在。名家说：“飞鸟之影，未尝动也。”影子只本是没有光的地方。天地间本来没有影子，而人自认为有影子，有一物与他物相异。法帖上本来没有字，而人自认为有字，字与字又各相异。如是言之，一切异相，本属名言方便。佛经上的名相分析，所谓“离四句，绝百非，非一，非异，非一异俱，非非一……”分析到极点，总是借文字相作表法，与名家用意正相近。

又如射箭，由此处射到彼处，中间必经过一个阶程。此阶程的中间，若逐一分析，既有过程，即是在过程上一点点的停留。既是一点一点的停留，即可说是没有动过，诸如此类，名家靠讲话来成立理论，都能自圆其说，但讲话是靠不住的，每一句话，仔细推究，都有问题。为什么叫“我”？千言万说，越讲越不清楚。即此一字，便可见出语言文字之大毛病。惠施在讲话中间，讲万物“毕同毕异”，大如一个世界，小如一个原子，这种历物分析的方法，照庄子的意见，认为这是蠢极的。讲说不尽，分析不完，如人与影竞走，终无休息。即如由人看动物，看生物，看一切物，看全宇宙，又往下分析到电子、原子，科学发达，名称愈弄愈多，这样多的名相，脑子里装不下，将来终得要扫除。拿名称来看万物异同，必归失败，庄子看万物异同的方法则不然，他是用的“观化”的方法。他对一件东西，看他的变化。一切变化，其结果总是一个。惠施说：我与你拼合起来，便成了我们。所以我们是一体。庄子说：我的气呼出来，你吸进去，我、你内部相通、变化一气，所以是一体。庄子评惠施以名立言，只“能胜人之口，不能服人之心”，很为恰当。

《庄子》书中，有一段记载他和惠施游濠梁之上，看见鱼游于水，庄子说：“鱼真快乐啊！”这是欣赏自然，蓦直说出来的。惠施不失名家本色，便说：“子非鱼，安知鱼之乐？”庄子即以其人之道，还之其人之身，反驳道：“子非我，安知我不知鱼之乐？”以名相来讲“是、不是”的问题，愈弄愈不清楚。毕竟庄子真能证到“万物一体”。他以“万物一体”感觉到鱼之乐。其实我讲话，人能懂，即此便是“万物一体”。单靠讲话本身，根本讲不懂。科学家到此处，只有存而不讲。佛经有两大派：《般若经》是“破相”之学，分析到最后，一切没有。《涅槃经》是“显性”之学，名之曰“真如实性”。惠施有似于破相，庄子有似于显性。惠施用名相分析，来建立一切，庄子跑进里面去观化，而扫荡一切。这是惠施和庄子相异之点。

四

有人问墨子：“假如强盗杀死了你的父亲，强盗也是人父，视人之父如其父，怎样办呢？”墨子说：“还是要杀那强盗。”若照西方逻辑三段论法：凡人都要爱的（大前提）。强盗是人（小前提），所以强盗也要爱（结论）。现在墨子要杀盗，岂不与此推论不合？须知讲话有四个方式：一是“譬”，如以甲譬乙。二是“侔”，是两个东西相比较。三是“援”，如庄子抓着惠施的话来讲话，即是援。四是“推”，即是推理。讲话总逃不了此四个方式。要看在什么地方用，用的不对，毛病就大了。比如说：“我骑马。”在正面说，在反面说，都是完全的。无论骑黄马、白马都是马。如说：“我骑白马。”在反面说，是不完全的。“我骑白马”，便是没有骑黄马。爱人与不爱人，一个完全，一个不完全。强盗既要杀，兼爱的理论似乎即不能成立。人以此难墨家，墨家不得不申辩。他们说“骑马是马，骑白马也是马”，这是对的。如果援以为例，而说“强盗是人，爱强盗便是兼爱人”，那便错了。应该说："杀盗非杀人，爱盗非爱人。"若你说"爱盗即爱人"，这话讲得通吗？所以说，万万不能援！有些事不能缩小，有些事不能放大。

现在人讲墨家，讲错了！以为墨家重名学，是重推理的。其实墨子一直就反对"援"、"侔"、"譬"、"推"之学，说他靠不住。现在我们已由名家之"万物一体"，讲到名家之"白马非马论"。

譬如我要看《陶渊明集》，这是一本书。假如人说，你要看《陶集》，是要看一本书，拿一本《史记》给你，说《史记》亦是一本书，对不对呢？在此时，可以说："《史记》非书也。"就是说："《史记》不是我所要的书。"亦可说："《陶集》非书也。"因我只要《陶集》，不是要任何一本书。同样道理，现在我要骑黄马，他给我一匹白马，白马不是我所要的马，可以说："白马非马。"这是名家的粗浅讲法。这里就要讲到"外延"、"内包"的问题。以"外延"说，像孔子是人，人是动物，乃至延到一切物，延到宇宙。以"内包"说，物是空空洞洞的东西而已，东西中而有生物，生物而能行动的是动物。生物能行动而能站起来的是人。人之中最聪明的是孔子。如下图甲乙所示：

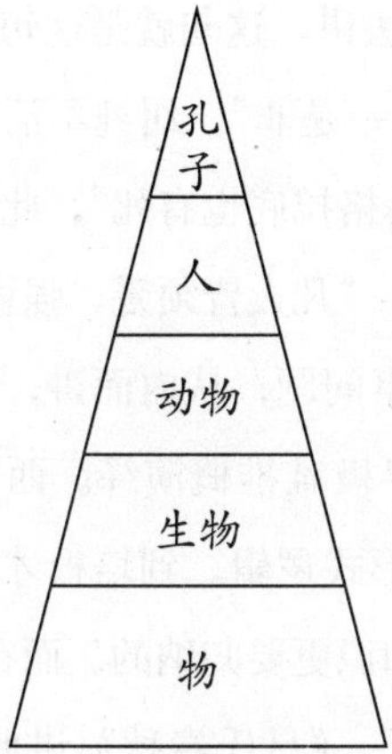

图甲

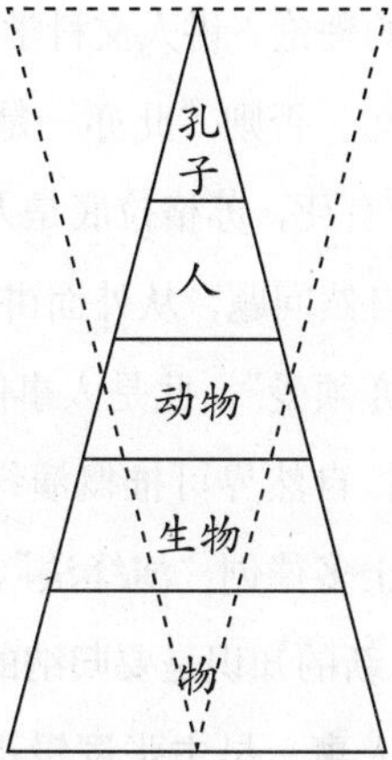

图乙

外国人注重从外面讲，中国人注重从里边讲。如在外面讲，“白马是马”。从内边讲，“白马不是马”。本来凡是马都可以骑。今天我要骑黄马，所以“白马非马”了。公孙龙的白马非马说，即是为讨论“杀盗非杀人”一个问题而引起。公孙龙说：“彼彼止于彼，此此止于此。”就是说，不要彼此混在一块，要在此停下来。

五

西方名学，喜欢推过去，这是“演绎法”。中国古代的名学，恰恰相反，他们不主推。他们说“人皆要爱”，“强盗是人”，都对！却不必相援。西方人把人当作物，把研究物的道理推究人的道理。西方是以自然科学来讲人文科学。中国人讲“立德、立功、立言”的理论，讲人文科学不要推过去讲。这句就是这句，不要推到那句。否则“此亦一是非，彼亦一是非”，纠缠不清。须知“凡人皆有死，苏格拉底是人，所以苏格拉底也有死”，此乃自然问题。自然问题，从外面讲，故可推。“凡人皆须爱，强盗亦人，故强盗亦须爱”，此是人事问题。人事问题，从内面讲，便有时不可推。自然界可推概演绎，人事界极难推概演绎。西方哲学家亚里士多德创“演绎法”，完成了形式逻辑。到培根才讲“归纳法”。新的知识是要归纳的，人事知识更要归纳的。而在中国，因偏重人事，早主张逻辑不重演绎了。《吕氏春秋》讲此很详，如水是“淖”的，漆也是“淖”的，和起来却成“蹇”的。“淖”加“淖”成了“不淖”。铜是柔的，锡也是柔的；柔加柔成了硬。如此，则活的加活的却等于死，是的加是的却成了非。《吕氏春秋》就说明这道理不是推论可得，要凭实际的经验。一种毒药可以杀人，几种毒药合起来，反能活人了。一步一步的推理，靠得住吗？《老子》教人要知止，“知止不殆”。总之，千万不要由这句话推到那句。名家说名理是不能推的。

亚里士多德曾说：“不懂几何的人，勿入我屋！”其实中国人就不懂几何学。我在小时喜欢几何学，也以为推论的道理很简单明了，懂得基本法则，推过去一切便讲完了。后来才知道，几何学没有一件真的事。点、线、面，都是假拟的、想象的，本来没有。《庄子·天下篇》引名家说：“一尺之捶，日取其半，万世不竭。”理论上的一半，永远存在的。其实哪里有这回事？讲话根本靠不住。又如德国人打仗，他们说打到只有一根枪、一个人，还不停歇。此亦是讲话而已。中国人就聪明，不大相信这向远处推的空话。西洋“唯物史观”很微妙，如黑格尔“正、反、合”的道理，以为是人类进步一定的公式。中国人说：“知之为知之，不知为不知，是知也。”西洋是在一个尖上造宝塔，“正”、“反”、“合”只在一处。中国人讲融通，平铺着许多道理，在此许多道理中，讲他不冲突处。而不由一个道理向远推，没有长篇演绎的思想。西洋人爱连连牵牵从一个道理讲下去。中国人讲一句是一句的道理，讲一段是一段的道理。但他中间也有相通的地方，所以中国思想史上，名学不发达，其故在此。

实在中国人此种意见，适合发展人文科学。即是列举会通的科学，而非推概演绎的科学。外国人一直向前推，有时出了大毛病。物理可推，人事不可推。若人事推得远了，如堆宝塔只在一个尖堆上，一倒下来便不得了。中国人讲道理，是平摆着的。爱列举，爱广罗，爱平看，爱各止其所便，只有小毛病。或许堆得不很高，却不至于倒。

记得胡适之先生的《中国哲学史》里说：“墨家思想近于西方逻辑。”这话靠不住。墨家根本不要推，怎能与西方逻辑混为一谈呢？研究学问，不要人云亦云，最好看原书。在中国各学派中，无论名家与非名家，都不讲“推”，这精神是一样的。但既不主推，名字言说之功用便有限止，因此名家根本不能发展。道家说：“你们不要在名相上推来推去，要实际就各物观其会通。”中国人都看重道家，因此名家也便看低了。

中国学术思想十八讲

先秦学术思想

第一讲

一

这次讲演题目是“先秦文化”。“先秦”二字，依字义应是秦以前。但从前讲历史，必言上古唐、虞，以及夏、商、周三代，再分西周、东周，东周又分春秋、战国。为何近代人却提出“先秦”二字？原来此二字通常用来讲诸子。诸子起在战国时期，最先则由春秋末期开始，即如儒家之必尊孔子便是。但前人则同尊老子、孔子，均以为乃春秋时人，若讲战国诸子，则孔、老二人不在内。但不能不提此二人，乃统称之曰“先秦诸子”。依旧观点，先秦诸子自老子始。依新观点，诸子应肇始于儒家之孔子。但仍不说战国诸子，而必称先秦诸子。因此，讲思想史或学术史，宜可把先秦划作一时期。但若讲文化史，则整个古代，不能划分先秦一期为代表。

我今且讲先秦时代之学术思想。此亦文化史中一部分。而在中国古代文化史上，先秦诸子的学术思想，正是重要的一部分。但若讲古代艺术，则应更往前讲，先秦已属不重要。若讲古代文学，则应自《诗经》讲起。《诗经》主要时代在西周，而下及春秋，不能称之为先秦。可知“先秦”二字不宜随便使用，更不应以此二字来代替上古三代。讲秦以前中国文化，至少尚可远溯二千年之久，而且其重要性，则更超于秦后之二千年。

二

今且讲“先秦诸子”之“子”字。古代封建时期，贵族爵位有公、侯、伯、子、男五等，列国诸侯或为公，或为子或男。至春秋后期，大夫亦称“子”，此已是一种僭称。孔子曾任鲁司寇，地位高在一般大夫之上。大夫可分两级：一为“卿”，地位较高。一为“大夫”，地位较低。但可同称为“大夫”，犹如公、侯、伯、子、男皆可同称为“诸侯”。孔子为鲁司寇，为时虽甚短，但其弟子却习称孔子为“子”。因当时大夫例得称子之故。再后则学生称其师皆为子，如墨家称其师为“子墨子”。墨子二字，已随孔子而成为当时之通称。上面再加一“子”字，乃是称其师。此后遂简称孟子、庄子。故弟子尊师称子，凡有三变。首如孔子，仅称子。后如子墨子、子宋子。又后如孟子、庄子。若把老子放孔子之前，此项称呼之演变，便说不明白。又后乃以“子”为“男子”之通称，其实以前甚不然。

三

再论百家之“家”字。《汉书·艺文志》分儒、墨、道、法、名、阴阳、纵横、农、杂、小说，称“九流十家”。《汉书·艺文志》乃根据西汉刘向、歆父子校禁中群书，撰《七略》而作此分类。何谓“九流”？流，如一水之流。如今之称“门类”。同在一水，即同成一流。同在一门，即同归一类。故《汉志》每叙一家，必称“某家者流”。“小说”家分流社会，可以不专门觅师，故与其他九流自成分别。此为刘氏父子之分法。以前人并不如此分。如太史公父司马谈，将战国学者分为儒、墨、道、法、名、阴阳六家，撰有《六家要旨》。但在战国先期，则仅分儒、墨两家。《韩非子·显学篇》，即以儒、墨为“显学”。此等分法孰当、孰不当，此刻暂不论。今所欲讨论者，乃此“家”字，如“一家之言”等，此“家”字在开始使用时，其涵义究如何？加以说明，实甚有关系。

刘向、歆父子将从古全部学术分为《七略》。“略”即类义，七略即犹言学术之七大类或七分野。其第一类称《六艺略》，第二类即为《诸子略》。在《诸子略》中则又分九流十家。《诸子略》，《汉志》称之为“百家之言”；而《六艺略》，《汉志》则称之为“王官之学”。可见当时本以“百家”与“王官”为学术之分野。“家”与“官”从字义均从“宀”，“宀”象居屋。若是一衙门，作为政府办公用者，即称为“官”。若供私人居住，则称为“家”。可知官有“公”义，家有“私”义。百官必统于一尊。官家办公衙门之地位最高者为“王”，王乃天下百家之唯一领导，一切官皆当隶属于王，故称“王官”。家则各自有主，社会私人各有自由，不相统率，故称“百家”，亦称私家。若“官”字与“家”字，得其正解，可知古代学术应有公的王官学与私的百家言。这一分别，却极重要。

四

孔子本以《诗》、《书》、礼、乐设教，但此等本皆为王官之学。如《诗》，本掌于王官。天子祭天祀祖时必加以《颂》，宴飨诸侯歌《大雅》，其他场合歌《小雅》、歌《国风》。此即所谓礼、乐，创自周公，递有因袭。在王朝与列国，各有官主之。可见乐之有《诗》，本属政府主管，故为王官学。《书》乃起于宗庙祝史记载政府之事，其文辞亦由政府掌管。春秋列国皆有史，亦即皆有《书》，墨子所谓“百国宝书”是也。故《诗》、《书》、礼、乐，皆为“王官学”。以今语释之，即是政府中学问。古代是贵族政府，故王官学换言之亦即是当时之“贵族学”。古代封建世袭，惟贵族得为王官，亦惟贵族始掌握学术。社会平民初无学术可言。到后来，王官学逐渐流入平民社会，平民社会亦有学问，则为“平民学”，此乃所谓“家人言”，即“百家言”。《汉书·艺文志》中所谓王官之学流而为百家，若以现代人观念讲述，即是当时之贵族学渐变而为平民学。亦可谓当时之平民学，乃由贵族学转变过来。此乃中国古代文化史上一极大进步。一切学问下流至民间，于是而有社会私家之学。此乃当时一惊天动地之大事。而此一大事，实自孔子一人开始。自有孔子，而中国始有私家讲学。孔子在中国文化史上之伟大处，即此亦其一端。老子实不在孔子前，此事暂容后讲。

五

先秦学者分九流十家，已如上述。但其中仍可再作一分别。如问各家学说内容如何？此中亦可有简单一语道尽者，如道家所讲为“道”，法家所讲为“法”，名家所讲为“名”，阴阳家所讲为“阴阳”等。惟儒、墨两家究讲些什么？则颇难从儒、墨两字一望而知。今再问，何以墨家称为墨？此“墨”字究何义？若言墨家第一人为墨子，墨子姓“墨”，故谓之“墨家”，此说实难信。儒家何不称“孔家”？儒、墨两家取义，显当与道、法、名、阴阳诸家相似而有其不同。因此两家较先起，故其取名若与此下诸家稍有不同。《庄子·齐物论》、《韩非·显学篇》论当时学术均只分儒、墨，不及他家。可知其他各家应是后人所分，其学派名亦属后起。而儒、墨两字之涵义，则当稍加解释。

“墨”字义近黑。在“五四运动”时稍后，乃有人言墨子为印度人，此实妄说之至。在此时期，各种无根妄说竞起，此亦仅其一例。今且先论“儒”字。《说文》:“儒，柔也。术士之称。”此七字应分两句读。“儒，柔也”一句。柔，乃儒之普通义。“术士之称”另一句。术士则为儒之特别义。后人不明此句法，把两句并作一句读，乃谓孔子儒家所讲主柔道。实则《论语》、《孟子》只主刚，不主柔。《中庸》言强;《易》义亦尚刚，《乾卦·象》曰:“天行健，君子以自强不息。”庄、老道家始言柔。王弼注《易》，尚知此义。

何谓“术士”?从来亦不得其解。民初夏曾佑在北大教历史，撰写一部中国历史教科书。书中讲儒即“方士”，亦云“术士”，合称“方术之士”。当时群相称述，以为是一种创说。其实创而不确，亦不是真创。许氏《说文》所谓“术士之称”之“术”字，究应如何讲?仍该研释。实则“艺”、“术”二字，古本同义。“术士”亦即“艺士”。古代称礼、乐、射、御、书、数为“六艺”。孔子以六艺教人。六艺亦即可称为“六术”。学六艺之人可称为艺士，亦即可称为术士。儒称术士，正因其学习六艺。当时学数，可为贵族家庭助收田租。学书可为贵族司记录。学御，可为贵族驾车。射乃武事。习射、御，可于贵族阶层中获得较高职事。至于通礼、乐，则更高贵。在内可侍事于宗庙社稷，出使可与各国君、大夫折冲樽俎之间。当时由平民社会进入贵族阶层，则端赖通习此六艺。当时贵族亦常随时物色搜罗此批通习六艺之士以为用。而士之所以习六艺，本亦在求进身于贵族阶层为主。孔子亦即本此而进入贵族阶层者，其弟子亦皆习六艺而获进入贵族阶层。

儒即是当时社会一行业，或称儒，或称术士，亦可谓是当时社会一流品。六艺本是王官之学，由此转入于平民与私家。但儒家创始之更要处，不在于学其“艺”，而更要在于明其“道”。《诗》、《书》、礼、乐，大本大原皆由周公创始。孔子学周公，重要在能明得《诗》、《书》、礼、乐之如何使用，并进而明得《诗》、《书》、礼、乐之缘起，再更明得《诗》、《书》、礼、乐之变通。于此遂产出一套甚深、甚大之思想理论，而在后代中国学术思想史上，不断发生了极大影响。但论“儒”字初义，则只是一种行业。

“儒”字如此，“墨”字亦然。墨之在当时，亦是一行业。我们若明得此意，可知一切学术文化并非凭空生出，亦非由天而降。乃在社会人群实际生活中生长茁壮而来。而要讲中国学术真精神，则更贵明得此意。

第二讲

一

今接上讲。“儒”为术士，乃通习六艺之士。于通习六艺后，可以进身贵族阶层，谋一职事。此实当时社会上一种行业。故《论语》云：“汝为君子儒，毋为小人儒。”可见“儒”只是一生活名色。在儒业中，有理想、有志气者为“君子儒”，仅图私人衣食温饱者为“小人儒”。孔子本人亦一儒，但他于通习六艺之上，更能于六艺之发源处、会通处，阐发出一番思想理论。而把此一番思想理论，来反对当时之贵族生活。

当时的贵族生活，本即是所谓礼乐生活。宗庙社稷、朝聘宴享、冠婚丧祭，处处必依循于当时传统的礼乐。而一般贵族们，实已不懂得礼乐。孔子不仅熟知礼乐，并熟知其来源与变化，熟知其作用与意义。孔子当时本即以此立场来反对当时之贵族。而当时之贵族们，终亦不得不有求于孔子。故孔子在当时有其业，同时有其道。此一“术”字，则“业”、“道”二者兼包。业仅为私人之谋生，道则对此社会人群、历史、文化负责任。孔子私门讲学，不仅授其弟子以艺、以术，为私人谋生之用。并在此艺与术中发明其道，可以为社会人群大众历久之用。故后世言“儒业”，亦言“儒道”。孔子儒家大概情形是如此。

二

现在讲到墨家。“墨”字究应如何讲？说法亦颇纷纭，但皆不可信。决不因墨子面黑而成一学派之名，亦非因墨子姓墨而作为学派名。在古代“墨”乃一种刑名，墨、劓、腓、宫、大辟为五刑。大辟为斩首，余均肉刑。墨乃刺花于面，下至宋代，仍有沿存，如《水浒传》宋江之刺配江州即是。何以言墨家“墨”字为刑名？盖古代受刑者必遣派服工役，而古代工人亦大概为刑徒。工人均属世袭，商、农亦然。父为农，子继之。由贵族授田，耕者无土地私权。工商业亦皆隶于贵族家庭，如车氏、鲍氏等，全是一种职业，世袭相传，专供贵族与政府之用，殊无自由经营与私人资产，此乃封建社会之特征。今天的共产主义高呼打倒封建社会，其实彼辈所倡导推行者，不许有私家自由，故正是恢复了古代之封建型态。若论真实打倒封建社会，在西方应是其经济之自由制度。中国古代封建社会之情形，可于《左传》记载中窥其梗概。中国封建社会之破坏，主要则由于私家讲学。

墨子本人未必受过刑罚，但彼可能是一工人。至少他擅于工艺制造，而又是主张过一种工人生活的。传说鲁国巧匠公输般，造为攻城用之云梯，而墨子能特制机械破此云梯。墨子又曾造过木鸢，能远飞不下。由此显见墨子与孔子不同。孔子幼时喜俎豆礼器，青年即以知礼称，所学都属当时贵族生活那一套。而墨子所学，却为工匠技能。墨子或是一工人出身，或非工人出身，今不可定。然至少彼之衣食生活，颇像一工人。他极不喜当时所谓礼乐生活，彼所提倡者，乃是一种近乎工匠之艰苦生活。故说其学“以自苦为极”。孔子教人学尧、舜、周公，而墨子则教人学夏禹。禹治水在外八年，腓无胈，胫无毛，三过家门而不入。此乃中国古人度其艰苦劳工生活之最高榜样。墨子非礼、非乐，认为礼、乐生活皆是奢侈，非人生正道。墨子所讲之道为“墨道”，主张劳苦工作，主张过一种艰难、低标准生活，此即近似一刑徒劳工。故当时称此派学者为“墨家”。墨子并不反对此称呼，只云：“非大禹之道，不足以为墨。”他说墨道即是大禹之道。即此可明“墨”字非指墨家中个别某一人，乃指一学派而言。

三

墨子又主“兼爱”，凡人当一律平等。故云：“视人之父如其父。”然此非在法律上言。今日民主社会所主张之平等，乃属法律上之平等。共产主义者所讲之平等，则重在经济生活上平等，故必主张无产阶级专政。其实无产阶级专政后，生活亦非平等。此正犹如中国古代之封建社会，工、农、商三阶层，在其各自阶层中，则若生活平等，但较上层贵族阶级，则甚不平等。墨子所主张之平等，乃指实际生活上之真平等。欲要求实际生活上之真平等，其唯一办法，必须减低大家的生活水准。墨子即基于此一理论而反对贵族生活。墨子反对贵族厚葬，主张桐棺三寸，以此为标准。孔子讲仁道，本意在爱人。墨子讲兼爱，乃必要平等的爱。而一开始即主张普遍降低生活条件，这却迹近不爱人。尤其是高水准之生活，皆在其反对之列，这像是刻薄。但儒、墨两家，就其反对贵族阶级言，则是相同的。

墨家主张兼爱，因此在国际间反对战争。战争亦有两种不同。一是由侵略引起战争，一是由自卫保守而不得不战。墨家只反对前者。故“非攻”。而不反对后者，故主张助人守御。时鲁国巧匠公输般为楚造云梯，楚欲试以攻宋。墨子在鲁闻之，徒步往楚，历十日十夜。履破，裂裳裹足。至楚，与公输般于楚王前试演攻守。九攻九守，公输般不能胜，墨子守御有余。公输般乃云：“尚有一策可破宋。”墨子知其欲杀己，乃语楚王曰：“我弟子禽滑厘等三百人，已尽习我技，持守御之具，先往宋助守矣。虽杀我亦无法取宋。”楚王乃止攻宋。当时墨家，似先以劳工为生业，继后乃进而助各国君贵族大夫守御。一时各国君大夫争相罗致。墨家理论虽反对当时之贵族，而当时贵族却极力延致墨家，竞致尊礼。此一层也如儒家般。两学派之处境，颇有其相似处。

上面说儒为艺士，墨为工人，皆为一种生业或流品之名，而即以名其学派。由于有此两学派，而后古代王官之学始下流民间。孔、墨两人，则为此两学派之开创大师。他们教其弟子，不仅教以一套生活本领，又教以一套与此生活本领相配合的理想，即"道义"。此两套生活理想，若用近代观念言之，则孔子比较是一右派，因其和平而保守。墨子比较似一左派，因其偏激而极端。但此两派，同样反对贵族，而又同为贵族所争用。于是在当时封建社会中，贵族、平民间遂渐渐形成一中间阶层，此即当时所谓之"士"。此后中国社会，应可称为一"士中心"的社会。

四

《论语》中孔子常教人如何做一"士"。一个理想的士，应具何条件？孔门视士极高，墨家亦然。墨子教人要做一"兼士"，不要做一"别士"。至战国时，士逐渐得势，各国诸侯、卿大夫皆争养士。当时如四公子，齐孟尝君、魏信陵君、赵平原君、楚春申君，各称养士三千人。其时之士，又都成为"游士"。此处不合，辄往他家，所谓"朝秦暮楚"。甚至有立谈之顷，而致相位者。传说苏秦即以一游士而身佩六国相印。此等故事，未必全真实。但战国时期，实可称为士中心之天下，为此下中国"四民社会"之开始。其时社会乃开始有士、农、工、商四级之分（语见《管子》），而贵族不预焉。自秦以后，中国社会遂永有此四民。其最先基础，即奠定于战国。

就西方历史言，他们贵族阶级之所以没落，乃由城市中自由工商业，所谓中产阶级之兴起，封建社会即因此而破坏。中国春秋、战国时代之士，亦兴起于城市中，其先与工、商人均依存于贵族阶层，而逐渐获得其自由。但中国之士，并未演变成为资产阶级，而永远保守其为一知识分子。中国自先秦直至今日，亦永远是一个士、农、工、商的四民社会。由此我们可以说，中国文化、中国社会之与西方不同者，主要即是出了孔子与士。

若把孔子与士来与西方教会相比，则又不同。西方教会应望全民皆信教，皆为一教徒。中国之士则仅为四民中一流品。故西方宗教不论在任何社会，如封建社会、资本主义社会，乃至共产社会中，他们依然传教，而且同样传教，真像中国儒家所谓“君子无入而不自得”。这因西方耶教教义，凯撒事由凯撒管，教徒不过问。他们只指导人死后灵魂升天堂。因此西方宗教根本也无法推翻中古时期之封建社会。推翻当时封建社会者，乃是城市中兴起的自由工商业。后来所谓民主政治，亦起源在他们中产阶级纳税人之出头抗争，仍与教会无关。中国远在先秦时代，毋须流血革命，而将古代封建社会贵族阶层解体。从此形成“四民社会”，以“士”为领导中心。此种社会，既非封建主义的，亦非资本主义的，更非共产主义的。其领导权则操在自由知识分子手里。自由知识分子何以得掌握此大权？则因他们重“道”不重“业”，重“公”不重“私”。已由儒、墨两家导出先路，而成为中国文化、中国社会一特殊性。

在西方社会，资本主义发达以后，上层政治亦受资本家控制。西方的立国，也可说即建立在通商贸易的基础上。于是自由贸易成为天经地义，即政府亦不得加以干涉或禁止。国际间种种大战争，亦多由贸易竞争而起。中国社会一向说尊师重道。西方则是资产第一，商人第一。在此风气积累之下，始有马克思出来，主张结合劳工来对付资本家。可见西方社会上之资产阶级，在其历史进程中，并非无弊害可加指摘。中国社会之士，在中国历史进程中，有时自亦不免有毛病、有缺点。但不能因此完全抹杀其长处与优点。中国的士多数从政，但并非一意想做官、通体想做官。究竟他们尚有孔、墨大道可讲。西方的读书人，一心只想做专家、学者，在大学校当一教授，政治活动非彼辈事。在政党竞选之背后，多由大资本家支持。故西方政治乃与工商资本最接近，而与学术集团、宗教集团之关系较疏远。可见近代西方民主政治，与资本社会有其内在之深切关联。若资本主义不存在，可能其现行的民主政治亦会随而变质，决不能仍如今天的模样。我们研究任何一社会，应该注意在其社会背后那一种发动与支撑的力量。

若论中国文化与中国社会，则士、农、工、商四民中之“士”，此一流品，实为中国所特有。因此既非封建社会的，亦非资本主义社会的，自然更非共产社会的。自古迄今，在中国政治上、社会上、教育上，有领导地位为中心主持者，都是此一批士。而孔子、墨子在两千年前，已为中国社会导向此一路途，造成此一规范。即我们今天所谓士、农、工、商之四民社会，实由孔子、墨子当时聚徒讲学所引起、所造成。若说中国社会此下不进步，则是以后事。却不能把责任全推到孔子、墨子身上。今欲了解中国文化特性、社会特性、历史演变之何以异于西方，则先秦儒、墨兴起，这一大事因缘，实不可不注意、不了解。

第三讲

一

上两次讲“儒”、“墨”二字，即中国人所谓之“流品”。流品即是类别，或因职业不同，或因操行有异而加以分别，并寓高下之分，此为流品。在中国历史上，社会无阶级，仅古代封建社会有贵族、平民之分，此下即不复有。西方社会自贵族、平民阶级转变为资本家与劳工阶级。然在此阶级对立之间，亦尚有既非资本家，又非劳工的绝大多数，并亦是最重要者。因此马克思的阶级理论，对社会现实并不符合。近代西方社会，亦不可谓其有固定之阶级存在。中国则封建社会早在先秦时代解体，此下更无阶级。中国封建社会之解体，端因在贵族平民间产生了“士”。在当时是一中层，居于贵族平民间。此乃当时一新流品，为过去社会所无。

“士者，仕也，事也。”在其始，乃因服务于贵族而称仕。

但至孔子时，却在事之上面提出一“道”的观念来。孔子之所谓道，亦即墨子之所谓“义”。道义之所重，在事该如何做。在做事中必应有一道，可为准绳而资遵循。孔子提出一大原则为“仁”，墨子则讲“义”、讲“兼爱”。在此项大原则之下，一切事便各有其道与义，不仁不爱即是无道不义。从事于此项道义，始为真士。从此为士，不在其有事，而在其有道。士之地位遂日高。无论做何事，皆须有一“道”，此道在人与人之间，则是平等的。封建社会重地位，地位不平等。资本主义社会重资产，资产仍是不平等。共产社会主张无产阶级专政，在资产上求平等，在政治地位上又是不平等。中国社会理想重道，道始是真平等。无论何方均须遵循此道。有了此道的新观念，乃能提高每一人之人格。人各有事，事各有道。各自对社会负有一职任，而在人格尊严上，便各自平等了。但虽说人格平等，而事有大小，道有大小，职任有大小。要任大事，行大道，为大人，则非有与此相当之大才大能、大知大识不可，因此乃有所谓“教育”。

二

孔、墨之教，乃及孔、墨弟子之学，皆求获有一番真本领，在社会做大事、尽大任。但事大任大，则困难亦大。困难时，事仍当败，而道义不可失。于是儒家乃提出“杀身成仁”、“舍生取义”的一番教训。此下在中国历史上，具体例证极多。所谓“成仁取义”成为一项人生实践，甚至有人譬之为家常便饭。亦并不是定要舍生，定要杀身。子曰：“士志于道，而耻恶衣恶食者，未足与议也。”又说：“君子谋道不谋食。”此种精神，有志为士者，在其心理上成为一种起码条件，必然当具备。孔、墨当时所提倡，在其社会上正因有具体的表现，而发生了大作用大影响。若以较之西方哲学，似乎西方哲学家所标理论虽尽高，但并不注重人生实践。因此西方哲学只重思想理论，却不发生社会实际影响，难与孔、墨之道相比。

墨子主刻苦，主牺牲，他对士的理想生活条件要求太苛了，使人难行。孔子则认为一大人物对社会责任虽重，却并不要在生活上必然有牺牲，或是牺牲太过。而且孔子一面注重人生责任，另一面亦注重人生情调。因此孔子所讲之道，实较墨子为圆通，为平易近人。墨子学派所以不能久远流传，不能如孔子之伟大，亦正在此。但当孔、墨初起，士的处境究竟还是需要极大的奋斗，而后始能到达他们的理想。因此在他们当时，究还是有许多不惜牺牲来殉道的。也正因如此，所以下至战国时，中国社会已转成为士中心的社会。到此时却有人出来讲另外一套道理，如杨朱、庄周等。墨子主兼爱，摩顶放踵，利天下为之。杨朱则谓：“拔一毛而利天下不为。”他主张各人自顾其私，不必彼此相助互为。惜乎杨朱著书已不传，或并无著作。若将《庄子》书比孔、墨两家，则显见有一极大不同处，即在《庄子》书中不言士。似乎他心中并看不起当时之所谓士。庄子只讲人，讲如何做一理想人，却并不教人去做士。此即庄子思想与孔、墨极端不同处，尤值我们注意。

诸位如读《论语》，应能把自己心情前移至孔子时代，应设想如在孔子当时来读此书。当知“士”字在当时乃是一新名词，士乃是一新角色、新流品。而孔子教人如何作一士，则是一新理想。此一新流品、新理想，后来最成重要，乃为中国文化、中国社会中主要角色。至于此项演进是好是坏，现且勿论。总之，这是中国社会一特点。西方社会迄今无此士的一流品。我们要批评中国文化长短，亦该从其特别处来作批评。若任意援据西方某一情态来批评中国，如云中国无基督教，又如说中国资本主义不发达等，凡此批评，却是不中肯、要不得。

三

我们讲中国思想史，也应注重其特有线索来阐述。如孔子、墨子，特别提出士的新流品、新理想来。庄子则避不论士，只论人。他把人分别为“天人”、“至人”、“真人”等。儒、墨所讲之“士”，每每主张牺牲自我来求对全社会、全人群有贡献。庄子则反对此种意见，不主张人对社会有如儒、墨之为用。他为宋之漆园吏，犹如孔子之为委吏、乘田，此当为孔子“三十而立”以前尚未成为士之一阶层之地位。据庄子意，人为社会所用，即属此人之牺牲。故就各个人言，“无用之用”才是此人最大之用。换言之，对人无用，即是对己有用。因此，一个人何必对社会求有用，社会用不到他，他自己才可有安顿、有地位。《庄子·内篇》如《人间世》极言此意说：

有树焉，大可蔽牛，粗约百围，其高，临山十仞而后有枝，其可以为舟者且十数。观者如市，然匠人不顾，竟行不辍。其弟子怪而问之，匠人曰："此散木也，以为舟则沉，以为棺椁则速腐，以为器则速毁，以为门户则液樠，以为柱则蠹。不材之木，无所可用，故能若是之寿。"匠人归，梦大树与之语曰："文木实熟，则剥、则辱，大枝折，小枝泄，此以其能苦其生者也。故不终其天年，而中道夭，自掊击于世俗者也。物莫不若是。予求无所可用久矣，几死，乃今得之，为予大用。使予也而有用，且得有此大也邪！"

庄子所言自亦有理，但他不知儒、墨两家之为士，远在他前，为他争取乃得了社会地位。他乃凭此地位来创此理论，却反看不起从前那一辈士。若在儒、墨未起，封建社会中，试问哪会有像庄周般的人出现？又《庄子·秋水篇》中说：

庄子钓于濮水，楚王使大夫二人往请。庄子持竿不顾，曰："吾闻楚有神龟，死已三千岁，王巾笥而藏之庙堂之上。此龟者，宁其死为留骨而贵乎？宁其生而曳尾于涂中乎？"二大夫曰："宁生而曳尾涂中。"庄子曰："往矣！吾将曳尾于涂中。"

庄子所讲代表了此下所谓的道家思想。然当知此时中国社会，已有了极大变化，士在社会中已占了极高地位。道家则仍是士中一分支。庄子任漆园吏，仍需服役于贵族。庄子虽不想争取高官厚禄，即此已可生活。但可说虽不派作大用，却仍派了小用。下到后世，有一辈隐士，乃可以摒绝任何事而不为。如宋初林和靖卜居西湖，终生不娶，植梅畜鹤为伴。人谓之“梅妻鹤子”，流为后世佳话，常受人称羡推重。但我们究不知他是如何为生的。在庄子意想中，人最好能吸风饮露，如是便可无赖于社会，实则此是空想不可能。但在中国社会，因看重此辈高人雅士，纵使他们不事生产，自有达官贵人们，乃至平民农夫们，愿供奉衣食，献与劳力，使此一辈高人雅士得以舒适度日。此亦中国社会一特点。在西方，自中古以来，除却贵族、农民外，中间阶层有医生、有律师、有传教士、有武士，他们皆需凭业为生，却少像中国社会有一种隐士，可以无业为生。西方是一个个人主义的社会，谁也得自食其力。失业在近代西方，是一大问题。中国被称为“落后社会”，不知有多少失业人，反若不成问题。至于如道家所提倡的那种高尚无业的文化人，即所谓隐士之流，则似乎更不易在西方社会立足。

四

《老子》书中亦不言士，仅有“古之善为士者”之句。但即此语，亦可见《老子》之为晚出书。古代无士，若老子在孔子前，尚何有“古之为士”之语！而且他形容说：“古之士微妙玄通，深不可识。”然贵族用人，首先当问其何所可用？若其人深不可识，即无进身被用之机会。故知《老子》书必尚晚出于庄子后。当孔子时，其弟子皆欲为一士，即墨子弟子亦然。其后士日益众，又日益得势，周行各国为“游士”。同时遂有显贵养士之风。《战国策》有先生颜斶，往见齐宣王，齐宣王乃当时之大王。宣王曰：“斶前！”斶不悦，曰：“王前！”宣王亦怫然。或问王贵抑士贵，颜斶曰：“士贵王不贵。”孟子本欲见齐宣王，适遇宣王使人来请见，孟子不悦，乃以疾辞。使者去，孟子又即故意出门，欲使宣王知其无疾，即是告诫其不宜轻士随便召见之意。他如平原君好士，尝因二美人在楼上笑一跛者，乃杀以谢之。孟尝君好士，有冯谖弹铗索鱼、车之故事。可见士在当时社会中之地位。

然孟尝君门下士中，多鸡鸣狗盗之徒。游士至此已滥，致为人所轻鄙。庄子、老子出而反士，《老子》书中更透露出一种极深看不起士的气味来，因此他主张绝学归耕。此下韩非甚至目士为“五蠹”之一。其实此辈反士，其自身仍是一士。此下秦始皇之“坑儒”，实则所坑并非儒，实即反士之庄、老之徒，后世称之为道家，亦或称之为“道士”，终不能自处于“士”之外。但无论如何，古代封建社会之贵族阶级在事实上是取消了，而士、农、工、商四民社会随之代兴，则成为中国历史上不可违抗一大潮流。

五

现在再会合儒、墨、道三家，讲他们的共同点。他们主要都在讲如何做人之道，与其他各家不同。如法家、名家、纵横家等，他们都不注重讲做人。西方哲学家似乎亦都不在此方面注意。哲学寻求真理；宗教讲如何死后灵魂升天堂，学校中只教人如何做一公民、谋一职业、做一专门学者等。在西方，殊不讲一个共通的做人道理。中国人则最注重讲这一层。为夫、为妻、为父、为子、为君、为臣、为主、为仆，乃至为中国人、非中国人，为现代人，或古人、后人，皆应有一番做人之道。而此一番做人之道，则实是相通一致的。故中国人讲“人”，列出许多区别来，如君子、小人，善、恶、贤、不肖等，而最高则为圣人。

固然后来中国人所讲做人之道，多遵守儒家言，但道家在此方面对后来影响亦大。墨家所讲，亦重在做人，此亦无可否认。故中国思想，主要在讲做人。所谓“道”，主要即是做人之道。所谓“理”，亦即是做人之理。人人能做人，始是“大道之行”，而其极则为“天下平”。至于家与国，仅是个人与天下间一过渡。天下乃由个人组成，不论其种族、国别、宗教信仰、贫富差等、地位高低，讲做人，则其道总归于一。智、愚属于天赋，有不可强，但亦无妨于同一做人之道。愚孝、愚忠，人虽愚，也算尽了他的忠孝，即做人之道。纵说是不可法，也算自尽了他忠孝之心。所以讲做人道理，实为中国文化之精髓。中国人所谓不忠、不孝、不道、不义，乃指在其做人道理上有缺憾，有逆犯。事不关利害问题，亦非法律问题，仍非智愚问题。此一番道理，实为西方所无。若言此为人生哲学，亦与西方人所讲的人生哲学不同。西方人乃在理论上讲，如尼采讲强者哲学，叔本华讲悲观哲学，各有一番道理。但哪能人人做强者，人人抱悲观。他们只重理论，不重实践。中国人生哲学，则在切实教人如何去做人，由人人可行的一条道路，来达到人人可有的一番道理。孔子之“学而时习”，到庄子之“逍遥游”，均乃教人做人。做一“士”，只是做人中之更理想者，或说是做人道理进行中之先锋队。

六

我在第一讲时，讲中国社会、中国文化有与西方不同处。中国早在先秦时，封建社会已解体，转成为士、农、工、商之四民社会，以迄于今日。

在第二讲时，述说中国社会也有大变动，但并不须革命流血，急剧地变。如儒、墨士的兴起而贵族阶级崩溃，其间并不要流血与斗争。

本讲所说，先秦时期儒、道、墨各家之“道”，皆主张讲做人，由此推及家、国，以至于天下。秦始皇也并不是用他的武力能来统一中国的，在先秦时，各家思想都抱的是天下观。“士”的活动，并不限于一家、一国，那时的天下早趋向于“大一统”的方向。如是方有秦之顺利统一。故中国文化至少有两大要点，可以贡献于世界人类之将来：

一是平实深厚的“做人道理”。

一是把做人道理推扩尽致的“天下观”。

第四讲

一

上几堂讲的是先秦诸子。特别自民国以来，讲此问题者已多。我个人对此问题，尝于下列诸书中有阐发：

一、《国学概论》。发表最早，书中第二章讲先秦诸子。

二、《先秦诸子系年》。亦是旧著，现经香港大学重印，较旧版无改订、有增添。此书最要者，厥为根据晋人地下发掘所得之汲冢书，来改正太史公之《六国年表》。此书耗我七八年精力。出版后十多年来，续有参考材料增入，但仍保留旧有之主要发现。

三、《中国思想史》。此书乃我来港后所写，比较简单。

四、《四书释义》。亦系旧稿改印。

五、《庄老通辨》。亦来港所印。书中多为旧文，亦有到港后新作。主要在讲庄子在老子之前之许多论证，因此亦牵及到先秦诸子之各方面。

六、《墨子》。

七、《惠施》《公孙龙》。此二书皆在抗日战前由商务出版，今坊间已难觅得。

八、《庄子纂笺》。亦是在港所印。

我上几次所讲可说全是老话，无甚新意。若诸位有意深究，上述各书，可供参考。

二

最近我们学术界似犯一毛病，即喜用“先秦”二字。不知此“先秦”二字之最先使用，因于讲诸子学。移用到他方面，便易出毛病。如讲“先秦学术思想”，实不如说“古代学术思想”为妥当。当胡适之写《中国哲学史》上卷，一开始即讲老子，似乎老子以前便无思想哲学般。又如梁任公著《先秦政治思想史》，实应称作“春秋战国政治思想史”始是。盖此“先秦”二字，已经用之太滥。总之先秦不能概括中国之古代。如讲先秦诸子自可由孔子讲起，但孔子之学何所来？孔子思想之承袭演变如何？孔子以前总不该不提。又如讲孔子，孔子是春秋时代人，为何不讲孔子之时代背景？若我们要讲春秋时代二百四十年，却有一部最好的记载，即是《左传》。此乃中国二千几百年前一部最佳之历史书，而我们偏弃不用。在前清时，《左传》乃是一部人人必读书，而今已很少人在此书上用功。但欲讲中国古代史，至少应首通《左传》，然后再可向上推。

曾记有一次，我尝与胡适之先生谈起他写的《中国哲学史》，他主张每一家都应讲出其时代背景。其实胡先生此书并未做到这一层，只在最先开始讲老子时，讲些时代背景的话。但老子若是春秋时代的人，为何不讲春秋之时代背景？乃自《诗经》中引许多诗，来讲当时人曾发生了许多不同的人生观。我说《诗经》远起西周，与老子时代相隔尚远。《左传》才是当时的书。而且《左传》是史，不比《诗经》中多文学作品。把文学来讲史，已是间接了。而且所谓“悲观”、“厌世”、“乐天”等人生观，可以时时有之，并不能把此来作特别的时代背景看。胡先生说：“当时先生的《刘向歆父子年谱》尚未出，我尚认为《左传》是伪书，因而对此书材料不敢随便用。”所谓《左传》是伪书，主要是为康有为《新学伪经考》所惑。《左传》中固有些不可尽信的材料，如《左传》书中喜欢记载当时人之长篇大论，多半由后人粉饰，不尽可靠。比如《史记》述鸿门宴樊哙责项羽一番话，自然当时有此一番话，乃无可疑者。然《史记》所载，则为太史公想当然耳之辞。又如《三国志》载诸葛亮与刘先主隆中之对，当时自必有一番话。然陈寿所载，则又是想当然。《左传》中许多言语，有可信，有不可信。可信由传述来，不可信由经后人润饰增添来。在此等处要逐一仔细分别，自然并不易。但春秋时代二百四十年之行事，则必不可假，此乃中国古代之真历史。我们要讲中国古代文化，《左传》一书万不可忽。其实胡先生当时一番话，也只是他一时之遁辞。后来梁任公先生写《先秦政治思想史》，他书中便引了许多《左传》。梁先生书虽欠深入，但至少没有许多大毛病。胡先生没有细读《左传》，便来写他的《中国哲学史》，总是一件值得遗憾的事。

近代人好将孔子与希腊哲学家苏格拉底、柏拉图、亚里士多德诸人相比，又好把先秦时代与希腊相比。但希腊局促在小小一半岛上，幅员不广，雅典仅是一小城。战国时之七国，论其总面积，则已与今日中国相去不太远。仅一齐国，便有七十二城，实与希腊当时局面不同。孔子及以下墨子、孟子等，皆曾周游列国，上说下教，对当时政治、军事、经济、教育诸问题，思虑讨论，皆极实际、极具体，而又极复杂、极变化。与希腊哲学相比，他们是冥想空论多过了实事求是。而且在孔子当时，《诗》、《书》、礼、乐传统知识积累极富，要待孔子一一寻求。所谓“博学”，所谓“一贯”，所谓“好古敏求”，我们当从此等处着眼。又如墨子，亦读过“百国宝书”，他的书，一样满口“《诗》云”、“《书》曰”，历史传统积累胸中，与孔子一色无异。若我们读苏格拉底、柏拉图书，可知不如此。历史传统不同，社会背景不同，虽说同是圣哲，而各自思想亦不同。春秋二百四十年文化积累已深，孔子、墨子即从这些积累中透出。若我们不了解春秋时代，亦自不了解孔、墨学术思想来源。

三

近代学者好推尊战国。但中国传统观念，尤推尊春秋，认为战国已堕落，远不如春秋像样。这也并非没理由。远在三十年前，我在北平看到《春秋时代之国际公法》一书，此书作者已忘其名，但此书则常在记忆中。我认为如此讲法，并不即是牵强附会。在春秋列国间，确有许多彼此共同承认遵守的礼义，我们不妨称之为当时的"国际公法"。前两年我在美国，旧金山有一位华侨某君，也正在写一本"春秋时代之国际公法"，他要我作序，但彼书尚未完成。后在巴黎，又见有一位中国留学生的毕业论文，已印刷成书的，亦是此题。此论文之年代，或与我在北平所见那一书时代约略相同。总之，春秋时代已有国际，而其时国际间也确有一套"公法"。即如宋向戌弭兵大会，亦承沿当时公法推演而来。只要我们能细读《左传》，便知那时国与国间相互交往，实已相当高明。至少那时有十二大国，彼此相处二百四十年之间，发生了甚多盟会。在他们之盟会中，我们可以看出有许多规矩与例行之不成文法。其间并有许多较之今日联合国组织与理想更高明的。"五四运动"以后的学者们，大家认为中国文化一向落后，远不能与西方相比。因此此等著作，遂不为人注意，而也因此不见流传了。

四

其次讲到当时的外交。从前人总喜欢称道《左传》中的"辞令"，正因当时两国外交使臣相见，折冲樽俎，总有一番谈吐，或是赋《诗》见意，而把当时国与国的利害冲突困难问题，即此解决了。这些事，在西洋史上，当知甚难遇到。不论在西方，即在中国战国时，一辈策士纵横捭阖之谈，较之《左传》所载当时外交辞令，实已相距甚远。在春秋时，弱国遇强国，往往凭借一番辞令，不从利害方面讲，只从道义方面讲，而把强敌说服了。我在幼年时，尚听人说，国与国间，只有强权，更无公理。那时已是西方思想广泛流行，因此一辈人读《战国策》尚觉近情，读《左传》便觉无此情理。所谓圣经贤传，在我幼年时一般社会风气，都已看不起，至少认为无此情理。所以康有为《新学伪经考》，认为那些书都是孔子"托古改制"，又经刘歆伪造伪羼，全非古代情实。此等意见，正与当时时代意见相符。所以能不胫而走，得人信从。但我们此刻再从历史考古眼光来重新探讨，却不能不说《左传》是一部信史，决非由后人伪造。

若我们肯定了《左传》是一部信史，《左传》中所载确有此事实，则不能不认春秋时代二百四十年间，中国文化已有甚深之演进，而且已达到了一个甚高之标准。其间尤有值得引起我们兴趣者，乃是当时国际间遇大事，一辈外交惯例，往往赋《诗》见意，而往往能达到理想的好结果，即如郑子产，是孔子所佩服的一个人。他相郑，居晋、楚两大之间，崎岖谋存。子产所凭恃者，即是他的外交辞令。辞令可以保存一个国家，而此等辞令中，皆有极高之道德标准与极深之文化传统。我常想若使今天的美、苏也还能近乎当时之晋、楚般，而今天的小国间，也能多出几个像子产、叔向一类的人物，或许当前的世界也可改观。总之，我们细读《左传》，即就其中关于外交事件及其辞令方面来研究，我们不能不认为，中国文化在那时，已有一番卓越成就。

五

再论到《左传》中所载当时几番大战役，如“城濮之战”、“鄢陵之战”、“邲之战”等。每一战役如何引起？战前双方如何估料敌情？战争实际经过又如何？此等都可以引起我们对当时历史许多兴趣来。尤其是遇到大战役，而双方当事人还多讲“礼”守“义”，好像十分迂阔，太不近人情了。即如宋襄公与楚战于泓，楚兵半渡，或人劝他进击，他拒绝了。晋文公在城濮战时，为要实践他以前流亡在楚时一番诺言，三度退兵，把自己立场先站稳在像是无可非难的地位，然后才和楚决战。其实当时晋文公心下，是急求与楚一战的。若非出于一战，终难抑遏楚氛，而保中原诸夏之安全。但晋文公却曲曲折折演出了这一套花样来。后来孔子批评说：“晋文公谲而不正，齐桓公正而不谲。”若我们不把《左传》细读，孔子此一番比较批评，自难了解。若我们细读《左传》，自可明白得孔子此一番批评之真实背景。而且就孔子此一番批评中，我们庶可更真实地了解孔子心中所抱有之文化理想与文化标准。而孔子所抱的文化理想与文化标准，其真实渊源乃自历史传统中来，也可因此更明白了。

六

除却上述诸点外，如当时列国君卿大夫所抱有的政治理想，与一般士大夫之生活态度及生活理想等，亦皆值得我们注意研寻。我在几年前曾写了一篇文章，题为《论春秋时代人之道德精神》。春秋时代篡弑相乘，当然多有不道德的事情发生。所谓“孔子作《春秋》而乱臣贼子惧”，似乎是由孔子提出了“忠”、“孝”等观念，才建立起中国人的道德传统。今天一般人常觉有了孔子，而中国人思想乃受了他许多束缚。“五四”时代即有人怀疑到屈原的忠君思想，认为屈原实无其人，此等忠君爱国的传说，都由当时儒家捏造。实则此种怀疑，乃由不读书之弊。若论道德观念如忠、如孝，在《左传》记载中，业已充满了此等人物。正因孔子生在这样一个注重道德之社会中，才把此一传统来强调提倡与深入阐发。若使孔子生在古犹太或希腊，也恐不就是这样的孔子了。因此在中国社会中产出孔子，正可为中国人之民族性如此作一证。

我那篇文章是在《左传》中找出许多具体例证，来讲中国人之道德精神。至少道德决非为个人占利，而是一吃亏之事。重道德亦即是甘愿吃亏，甚至于杀身舍生作牺牲。我在《论春秋时代人之道德精神》一文中，即举出了十八个例证。论其身份包括有国君、卿、大夫、士，乃至于庶人。其中忠、孝、仁、信、义皆有。当知斯时尚在孔子以前，而社会上已然公开流行了如此深厚的道德观。其实此事也不难想象。试问若个人间无道德，则国与国间何来能有公法？道德既是吃亏事，因此讲道德总是尚“让”不尚“争”。“让”而至于“让国”，岂不是一件甚大难事吗？但在春秋时乃及春秋前历史上，让国之事已屡有之。这些都不是先经孔子之提倡，只是孔子事后加以赞赏而已。

我在此文也只不过讲到孔子以前的一部分，当然即据《左传》具体可讲者决不止此。因此我说要讲中国古代文化，在先秦诸子以上，此记载二百四十年事之《左传》，实应为一部必读书。若读了《左传》，对此后孔、墨、庄、老诸家兴起，自不会多生错误的讲法。

七

近来亦有人喜把孔子比耶稣。其实若把《左传》与《旧约》对读，便知孔子与耶稣文化背景历史传统大不相同。孔子自然也不易在那时候的中国社会上，出来当一教主。中国社会在那时已不易有一教主，今天若有人想当教主，那自然更不可能了。其实今天世界上宗教问题之纠纷，正是一难题。而中国社会则幸无此难题。亦有人传播西方人意见，认为若此社会无宗教，即证其文化落后。又有人说中国人是“多神教”，即是文化低浅之证。此等皆是西方人讲法。在我幼年时，屡听到这些话。其实信多神并不比信一神定低级。西方人又喜批评中国人无信仰。但纵说无信仰，也未在历史上产生出大问题。总之，中、西文化彼此来源不同，经过不同，岂可专凭一方面任意批评另一方面，这决不是一件公平事。若我们真要先求了解中国古代文化，我劝诸位且读一部《左传》，总是有益的。

第五讲

一

现续讲关于春秋时代之道德精神。中国人素重道德，但“道德”二字当作如何讲？应先加一番讨论。一则道德决非空言，然亦不宜用西方人讲法，来硬性规定道德观念之内涵。我意且不如从历史上举出许多极富道德精神之具体事实，来作例证，始可知道中国人一向对道德是作何看法的。我除写了《论春秋时代人之道德精神》一文外，又曾写了一篇《刘向〈列女传〉中所见之道德精神》，都是此意。惜乎没有机会继续多写。

既成为道德，必然有教训。中国人教“忠”、教“孝”，西方似乎很少以此教训人。古希腊苏格拉底所讲之“正义”，亦与中国人之道德观有不同。正义可以独行其是，忠孝则必有对象。中国人讲道德，乃在人与人之间，此即中国所谓之“人伦”。所以道德不仅是自守自完的，而且必是“及人”的。中国社会看重孝，孝道必及于父母。不孝即是不道德。此种不道德，亦指其及人处而言。特别是在中国刑法中，亦极重不道德，因不道德必然及于人，不仅限于其私人行为。此与西方人之法律观念又不同。彼方注重权益之保持与损害。如父母遗产，非到临死遗嘱，子女无权染指。子女独立，彼等以为并非不孝。即父母贫病，子女不负侍养之责，此等既非不道德，也不违犯了法律。

但在中国人讲道德也有两种。一是普通的，只是不不孝便是，并不一定要人做孝子。若说此人是孝子，则是积极性有特殊性的，他必与人有不同处。至于大忠大孝，则更见有特殊性。孝子与普通人之孝有不同处，而且有大不同处。常人不能如此做，也并非即是不孝、不道德。今日讲此特殊性的道德，此必处于一特殊环境中，为难之极。纵使法律，亦不能事先规定此一不寻常之事件，使人必如此，不如彼。如普通教训人当孝，但如遇一凶恶之父母，则将如何处？此处却有人的自由，不能用法律来限制，亦不能用普通道德来规范，此须当事人用他绝大的自由来抉择，此处才能看出在他行为中所表现的道德来。《老子》书中说："六亲不和有孝慈，国家昏乱有忠臣。"如无宋高宗、秦桧，便应无岳飞。无福王、阮大铖等，便应无史可法。大忠大孝，正在此等太不理想的境遇中出现。

二

我的《论春秋时代人之道德精神》一文，即根据《左传》，于春秋时代中，举出许多此种极不寻常而极富道德精神之具体事例，来加以阐发。从之可见春秋时代中国社会上之道德观念与道德精神，已极普遍存在，而且洋溢充沛。该文第一段引“卫二子”事，见《左传》桓公十六年：

卫宣公生太子急子，大了，为他娶于齐。宣公见媳妇甚美，自己取了，又生寿及朔。急子母因此自缢。宣公后妻却与她小儿子朔构造恶言，要害急子。宣公使急子到齐国去，暗中使盗待在途中，将把急子杀了。寿知道此事，来告急子，劝他逃。急子不肯，说：“我违背父命，则父母要子何用！天下傥有无父之国则可，否则我向何处逃呀！”寿没法劝，临行，强饮急子许多酒，把急子灌醉了。寿便载了他旗，自己上路。盗把他杀了。急子醒来，见寿不在，匆忙赶去，遇群盗，说：“你们要的是我呀！他何罪？请把我杀了吧！”于是群盗又把急子杀了。

此事可充分表现出，中国社会上一向所特别重视的“孝弟”精神。为弟者遇此等事本可告，可不告，因此事和他不相干。但他不忍其兄无辜罹祸，终告之，劝其逃亡。但若逃亡事泄，祸或及弟，此亦为兄所不忍。兄既不肯逃，弟之内心又不直其母与弟之所为，且别无他策，乃甘以身代，藉求一己获得心安，并亦仍冀其兄之得免。但兄亦不忍其弟为己死，而己独生，乃亦从容踵死。此二子遭逢伦常之变，又偏遇此难处之境。彼等亦未尝不计及切身利害，或辨别是非，纵然身死亦于事无补。然终决心甘以身殉，此不过各求心安而已。我等在此等处，亦万不宜复以是非利害，在理论上空肆批评与攻击。当知此非国家立一制度，或私人倡一教训，要人必如此。此乃当事人临时一种自由抉择。彼之所抉择，既不妨害任何人，而且也并非为他自己争利益、谋幸福。此等事，我们安有余地在事外作批评！若于此等事尚要肆意批评，那只是“五四运动”时所流行的风气，遇人在孝、弟、忠、义上甘自牺牲，却称之为“礼教吃人”，一若孝、弟、忠、义根本要不得。但若果一世尽是不孝、不弟、不忠、不义，试问此世界如何能存在？当知我们所讲之孝，并非为人父者强子去孝，而是为子者甘愿如此而称之为孝。若卫二子之所为，我们只有付以悼惜与同情。我们对此等事，虽不宜刻意提倡，而且也无法提倡，但亦不宜肆意批评。《诗经·卫风》记此事，只是表其咏叹悼思之情而止。《史记》叙此事，亦仅表示同情，并非教人效法。真道德是最自由的，不能强作教训，也无法教人效法。因其只是在一特殊事件中之一种自由抉择。但亦不能说此为不道德。我们遇此等事，则亦唯有寄予以同情而止。若必说“礼教吃人”，则人孰不死，天地生人也只为要吃人而已。西方人也说“不自由，毋宁死”，岂非把教人自由来吃人吗？又如马克思提倡“阶级斗争”，难道斗争不吃人吗？“五四运动”那时，不崇仰西方之所谓自由，即信服西方之所谓斗争，一说到中国礼教，则便说是吃人。此所谓丧心病狂。

三

又“晋太子申生”事，见《左传》僖公四年：

申生后母骊姬告申生说：“你父梦见了你母，你快作一番祭祀罢！”太子在曲沃祭了，把祭肉送与他父亲。适晋献公出外田猎，骊姬把那一份肉放宫中。隔六天，献公回来，骊姬把那肉加了毒献上，说：“你且莫吃，试一下吧！”把来放一块地上，地坟起了。又把一块给予一犬，犬死了。再予一小臣，小臣也死了。骊姬哭了说：“贼由太子那边来的呀！”太子听了，出奔新城。献公把他师傅杜原款杀了。有人劝申生说：“你此事可加申说，你父亲必然会明白其中底细的。”太子说：“吾父非骊姬，居不安，食不饱。我申辩了，骊姬必得罪。吾父亲老了，使他难过，我何乐为此呀！”那人又说：“那你该逃离晋国吧！”太子说：“吾父实不细察我罪，我加上一个不孝之名逃出，又谁肯纳我呢？”于是他在新城自缢了。

此事与上引卫急子事心情相同。祭肉置毒这一层，本可辩释。但申生恐骊姬得罪，影响献公晚年心境与生活，又不愿负一弑父恶名而出亡，乃亦出之自杀一途。申生此一番心情，我们只能称为是孝。或说似此愚孝，又有何用？但诸位试再考虑，我们固不能教导申生作不孝的行为，申生自愿择此一条死路，自然因他曾受过为人子者该孝之教训。傥如当时社会无人教孝，或可无此悲剧。但教孝，究竟不是一项该受谴责的。而且像申生所遭遇的此种事，也并不多见。申生自然是牺牲了，但我们平心思之，教孝究竟对历史、对社会利多抑害多？我们似乎不能说是利少害多吧！受害者如申生，是因有人教孝而牺牲了，这我们只能对他寄予同情。但是一般普通人受其鼓舞，均能在日常行为中乐于尽孝，而延续充实了此种道德精神，这是有利社会的。现在我们要将此种教训打倒，认为是封建道德，申生则是一弱者，是无能被吃的人。这恐怕只能认为是我们这一时代之风气，却未必便是千古真理吧！

四

又"晋狼瞫"事，见《左传》文公二年：

狼瞫为车右，箕之役，先轸把他黜了。狼瞫不免生气。其友说："何不为此死呀！"狼瞫说："吾还未得死的场所。"其友说："吾助汝作难。"瞫说："《周志》曾说：'勇而害上，不登于明堂。'死而不义，非勇，要能供世用才是勇。吾以勇求右，现在无勇被黜，岂不正应该吗？我要说在我上的不我知，若他黜我合宜，岂不是他知了我吗？子且等着吧！"后秦、晋战于彭衙，狼瞫带他属下向秦师直驰，晋师随后从之，大败秦师，狼瞫也死了。

先轸以为狼瞫无勇，这是轻视了狼瞫的人格。狼瞫为维护自己人格尊严，为要表示自己是一真勇，遂怒驰秦军死难。狼瞫自然是接受了当时社会关于勇的教训，而自由选择了此一条路。虽是有此教训，究竟是狼瞫自由接受了，并非由法律束缚。所以狼瞫之勇，乃是狼瞫之人格表现，因此成为是道德。

五

又“晋鉏麑”事，见《左传》宣公二年：

晋灵公无君道，赵宣子屡次谏他，灵公派鉏麑去暗杀。晨往，寝门已辟，赵盾正是盛服将朝，坐着假寐。鉏麑退下叹道：“不忘恭敬，真可为民之主了。我来害一人民之主，那是不忠的。但违弃了君命，也是不信。我不能两全，不如死了。”遂触槐而死。

鉏麑当时所言谁听到了？《左传》所载，乃一种想当然耳之辞，乃《左传》作者想象中代为死者道出这番话。但鉏麑纵是无此说话，不能说他无此心情。那时孔子尚未出世，后来孔子教人“杀身成仁”，近代人便谓孔子不近人情，为何要为“仁”杀身？但当知孔子也非凭空立此一教训，在孔子前早有人实行此种道德了。鉏麑仅是一勇士，奉君命去行刺，他见赵盾朝服假寐，不由得他内心感动，不忍杀。但弃君命，他亦不肯，乃把自己牺牲了。直到今天，下层社会中仍有人如此，只要答应了人，必定做得到。这却不是一种法律约束。鉏麑之自杀，乃是他的不得已。我们今天固不当提倡自杀，但自杀也有两种：一是消极的，一是积极的。鉏麑之自杀，则是积极的。因他不仅逃避了某种困难，而又完成了某种理想。如佛教徒跳舍身崖，求往西天，此是一种愚昧。又如负债自杀，此是懦弱，想逃避责任。若钼麑之死，则有伟大价值，真可谓是杀身成仁。至少我们不该再来批评他不对。

六

我前去台湾时，闻说吴凤的故事，真是可歌可泣。吴氏为要劝阻高山族人以人头祭神之恶俗，而以身殉。高山族人感动了，从此不再杀人，深深悼念吴凤之为人，奉他为阿里山王。日据时代，亦心敬吴凤，仍照旧礼修建新庙，奉祀不辍。吴凤此举，犹如中国历史上所称之“死谏”。人谁无死？吴凤时已五六十岁，纵使再活一二十年，仍得一死。但由此而使高山族人之文化向前大大迈进一步，以此较之耶稣上十字架，未必不是同样的伟大。耶稣上十字架，乃为罗马法官所判。吴凤则甘心求死，实亦是十字架精神。

我在美国时，又听到丁龙故事。丁氏是一不识字人，未曾读过书，毕生仅做一佣仆。但有义行，深得彼邦人崇敬。今天美国哥伦比亚大学中，设有“丁龙讲座”。不仅是纪念丁龙，实为重视丁龙，而要人肯用心来研究中国文化。丁龙与吴凤，可谓同样是一伟大人物。在中国社会中确常有此等人。

七

今天所要指出的，是在孔子前早有此等人，如狼瞫、钼麑，也仿佛此一类。然在“五四时代”人，偏要说屈原之忠君爱国是受孔教流毒，伪为忠孝。此只能说他们是不读书之过。但如丁龙、吴凤，均是读书不多，此种精神也可说乃中国民族所特有。中国人与西方人性情上确有些不同，中国人自有中国人的一套。现在我们皆知中国人之短缺处，但中国人是否尚有好的一面？若中国人一无长处，则试问中国何以能四千年屹立存在直到今天？“五四”稍前，吴稚晖先生曾说：“中国不亡，是无天理。”这确是一问题，当知在近人所认为之无天理处，却有中国人之伟大所在。

在中国文化中，实有一套道德精神。可惜我只写了两篇文章，一据《左传》，一据《列女传》。诸位傥肯继此搜罗，自《史记》以下，直到台湾吴凤，美国丁龙，把具体例证一一写出，也是一种极有意义的事。

“五四时代”人只说“礼教吃人”，其实科学也不是不会吃人的。美国只投下两枚原子弹，请问几多日本人被吃了？人总有一死，被吃也是不得已。若继今以后，科学上能发明出不死之药来，到那时恐怕更须讲道德，更须有礼教。

现在有许多人喜欢讲中国文化，那是好现象。讲中国文化，便会讲到孔子、老子。但从前中国，实无人说孔子、老子是一思想家。因孔子、老子所讲，并不自思辨逻辑而来。他们的话，多半从历史经验引伸。我们也该从历史事实中去证实，去阐发。所以我们讲中国文化，只从孔子、老子讲起，也不免是一偏陷。

我平时也喜欢讲中国文化。曾有人问："能否用一句话来简单扼要说出中国文化特殊精神之所在？"我尝为此一问，心中困扰数年。后乃知中国文化传统中最特殊者，应是一种"道德精神"。此种道德精神，最好在历史故事中具体求证。不仅在历史，尤应在当前的社会上。纵使今天中国一切不如人，但在下层社会中，尚保有甚多旧道德。有许多无知识人，他们不懂讲文化问题，但他们懂道理，能实践。中国社会只要维持此种道德精神，中国永不会灭亡。然若问中国何以产生了此批富于道德精神之人物？固然与孔子、墨子等设教有大关系、大影响。但孔、墨以前，早已有此种道德精神之充沛流露，即不能不说是中国国民性有此一特点。

说到国民性，引伸至极，遂不得不说中国人受了天赐。中国人所处地理环境，特适于此等国民性之养成。地居温带，所谓天地温淑之气。又在中原，而又完成了一个大一统局面。不像是在伦敦、莫斯科，酷寒浓雾，地偏势隔。中国古人处境较便宜了些，毋须争夺，不尚杀伐。于是培养陶冶出一套温柔敦厚，斟酌调和之性格，务求于人事上或内心中求一恰好安顿。如此达于极致，而有一种勇于自我牺牲的道德精神。这在二千五百年前，便有具体记载可以作证。

我上面只是偶拈几件事，请诸位详细读我那篇关于春秋时代道德精神的文章。更望诸位进而一读《左传》。又再往上推，《诗》、《书》所见，莫非此种精神之随处流露。所以我劝诸位，与其在理论思想上去讲中国文化，实不如在历史文献中去寻求中国文化，更为具体落实、可信可靠。

第六讲

一

我在上一讲中，简单举出春秋时代富于道德精神之例证，由此可见当时中国文化，已达至一甚高程度。但试问春秋时代何以能有此高度文化？若再逆推而上，即仍必有其渊源所自。中国在唐前，很少“孔、孟”并称。孔、孟并称，乃宋以后事。自汉迄唐，中国儒者率言“周公、孔子”。孔子亦自言：“我久已不复梦见周公。”可见孔子所向慕之古人，厥为周公。故欲讲中国古代文化，当特别注意周公。讲古代学术，《诗》、《书》、礼、乐，亦多出自周公。中国古代学术，亦可说乃由周公所创之“王官学”，流变而为孔子所创之“百家言”。今人专重孔子，不上推周公，终不得中国古代文化渊源所自。

讲古代历史，远溯上古，必有一特征，厥为“历史人物”之少见。所有上古人物多属传说或神话中人，多有不可置信处。

而关于此人物之人格个性，尤极模糊。此乃世界各民族初期历史所皆然。中国历史比较少神话，传说中人物如尧、舜、禹、汤、文、武，虽不能一一认为信史，然传说成分较多于神话成分，因此其可信成分亦较多。但仍只是可信有其人、有其事，而所谓人物个性与其特殊面目，则仍不清晰，仍不精详。我常言中国历史上人物，应自周公始。周公以上之古帝王、古圣人，只是传说，很难认识其个性，亦很难明白其事业真相。中国古代历史人物，能使我们明白其个性与其事业之详者，应始于周公。而周公又非传统政治上之最高人物。周公在西周创始史上所传下之事业，最重要者厥为“制礼作乐”。此乃周公对当时乃及此下中国史上之一大贡献。所谓“制作”，犹如今云“创造”。中国人自周公以后，下迄春秋时期，特重礼乐。此下儒家自孔子下及孟子、荀子，所讲求之重点亦在礼乐。更以下自汉至唐所定各项政治制度，其实即古代周公制礼作乐之承袭与演变。由于中国历史悠久，后人考求汉、唐制度已甚困难，而对周公制礼作乐之精义则渐远、渐模糊，难于深求。于是多讲汉、唐，汉、唐以上只言孔、孟，而无法上推周公。实则孔子之道即上承周公之道，而汉、唐时代各种政治制度，则可谓乃接续周、孔精神而来。惟孔子仅见于空言，而周公则见之于具体之事实。就此点言，则周公之在中国上古史上，其具甚大影响可知。

今人未尝不群推孔子为大圣人，谓中国文化系于孔子。然又谓秦、汉以后，中国进入“专制时代”，孔子学说未能真见之于实际政治上。则试问秦、汉以后讲孔子学说者，继续不绝，何以一无用处？又何以说孔子对此下中国有大影响？又何以谓中国文化特重在孔子？岂不两项说法前后矛盾？可见近人讲先秦诸子，第一缺点是不能上求其渊源于西周及春秋，第二缺点是不能把先秦诸子之影响后代者仔细发挥。我曾写《中国历代政治得失》一书，阐发中国传统政治并非如近人所斥之黑暗专制。一般人或以为我故作回护之论，但历代制度俱在，可资佐证。诸位即读我的《中国历代政治得失》，便知我言都有根据，并非滥发空论。在孔子当时，他一生郁郁不得志。但后来讲孔子儒家学问者，却多走上政治舞台。若谓孔子对后来中国史无影响，则在中国文化中之孔子价值又何在？至少孔子作《春秋》，并非倡导专制。孔子的政治理想，其渊源自周公来，此亦并非即是降低了孔子之地位与价值。历史不能脱离演进，一切非凭空突然而来。我们只可说孔子较周公或更进步，但孔子的学说思想也有一源头，其源乃来自周公。犹如释迦之前有婆罗门教，《新约》之前有《旧约》，在科学上每一项新发明之前也都先有发明。讲历史不能把来横面切断，对前面全不理会。

但若要讲周公，其事更难。因讲到周公，必牵涉及经学。经学在中国学术史上本已聚讼纷纭。如《诗经》、《尚书》均已传有三千年之久，虽说传诵不绝，又有一部分文字比较易明，但其中文字艰深的也不少。而且时代愈久，其中所包蕴的问题愈见模糊，骤难有定论。尤其是今日国人有不悦学之风，又妄自菲薄，鄙弃中国书不愿卒读。而一闻“经学”二字，更有认为不屑读，甚至抱深恶痛绝之成见。经学不讲，则周公为人更难索解。现在要讲周公之制礼作乐，及其对中国文化之关系与影响，则只有根据《诗》、《书》与从来经学家言，作为第一手之材料。

二

周武王伐纣，为西周开国之第一代天子。但在文王时，已是“三分天下有其二”。此语确否姑不论。但其下句，“以服事殷”，则必是事实。当文王时尚为殷代一诸侯，“文王”乃后所追称，当时谓之“追王”。武王灭商有武功，故谥曰“武王”。文王“三分天下有其二，以服事殷”此见其文德，故谥“文王”。谥号亦自周而起，如“成”、“康”、“宣”皆美谥，“幽”、“厉”皆恶谥。“文”、“武”虽同是美谥，然当以文德为尤胜。故明是武王伐殷而有天下，但周人必尊文王为天下始祖。此非建立一制度，而是订定一项“礼”。以文王为天下始祖之太庙，天子每年必于太庙举行大祭，天下诸侯必来助祭。配合于礼者有乐歌，以颂扬文王之德。

此即周公制礼作乐之所定。周公何以必欲追尊文王以为天下之始祖？盖周公之意，将以昭示天下后世，得天下必当以文德，不当以武功。周之前有商，商之前有夏，方其临制天下，何尝不为天命所归。但天命不可长恃，天意常视民心之归向而转移，民心所依则在文德。故为君主者，勿以为可永保王位。若民心一去，则必遭上天之厌弃。周公此等理论，屡见于《尚书》，所以警告周代今后继承之天子，亦以晓喻天下，使共知此理。盖周公之宗教观念、政治理论、历史哲学、教育宗旨，一以贯之，胥于此项礼乐中显出。后来的孔子思想，亦全从此项大纲目中演出。

周公之立庙祀祖，尊文王为开国者，此举已极伟大。但周氏族在始得天下以前，仍必有其来历。于是周公又尊奉后稷为周氏族之始祖。后稷故事载于《诗经·大雅·生民》之篇。后稷母姜嫄，出祀郊禖，于路履大人足迹，遂感而有娠，生稷。以为不祥，恶之。弃诸隘巷，牛羊护之。弃诸林中，为伐木者所救。弃置寒冰之上，群乌覆之。皆不得死，始取归抚养。周公在《诗经·生民》章中讲后稷故事，乃寓有许多之神话。但我们读此诗，可知在后稷生时，周氏族已有社会群居，已有伐木者、畜牧者等各行业。可知在后稷以前，周氏族历史仍远。但为何说后稷为“厥初生民”？此盖以后稷教民稼穑，对人民、社会有大功德、大贡献。周公仍是站在全人生、全社会之立场来推尊后稷，奉为始祖。此一点，使中国社会此下永远不会产生达尔文或宗教。因周公不追问人类如何开始，而只在已有社会中选一伟大人物为始祖。此项礼制亦自周公始。此后中国社会永远承袭遵行。如后代百家姓，每家必有一始祖，但此等始祖皆是在社会上有功德者。此非生物自然之始祖，乃人文历史上之始祖。周人得天下，固自武王始，但周公必上归之于文王。周人之有氏族，其先必有一始祖，但周公必断自后稷，更不上推。此种礼制之背后，皆寓有深义，惟后世认为固然，遂不能阐说其所以然。但周公制礼之深义，实已弥纶渗透在中国社会之广大深处，使人视若固然而更不讨论其所以然，即此已见周公在中国文化传统中之深厚与伟大。

三

武王统一天下后，周公又推行封建制，立太庙、祀文王。诸侯每年元旦，必来朝觐，同时参加周王室太庙祭祀文王之大典。于"宗庙"之外有"社稷"，使普天下上自贵族，下至平民，各祀后稷，以报其功德。又于各项祭祀中，制为诗歌，编为剧曲，唱诗舞蹈，以表现所祀奉者之历史往事，此即礼中之"乐"。此在《诗》中为《雅》、《颂》部分，皆是赞美周代祖先之功德。其他各项礼制中，必配有各项诗歌乐章。在此等礼制乐章之背后，皆必寓有历史往事及人生教训，使天下诸侯与普遍社会，莫不沉浸淫佚于此项礼乐之中。故周公之制礼作乐，虽有一项政治作用之存在，但其意义极为深厚宽大，既非如后世帝国之用武征服，亦不如宗教之凭神起信，并亦不烦有严密之法律统制。抑且周公封建依旧保留殷人旧传统，使得仍能建国，在其国内仍保留其先代之传统习尚，是为宋。其待夏后亦然，是为杞。周公保此杞、宋二国，后世经学家称之为"存三统"，盖指其保留历史上政治三大传统。其用意在鉴戒世人，使知天命不于常，有德便可王天下，一姓一族不能长期统治天下，使上下都能常自省惕。故周公封建，不仅封同姓，且亦"兴灭国，继绝世”。此即寓有一种极深厚的文化历史之教训意义在内。因在历史上，曾有过如此多之国家，盛衰不常，今使一一仍存留于世，用以儆戒后人，不可凭恃一时武力，认为可以宰割一世，此后彼之自身，即便为别人所宰割。此为中国历史上之封建制度，此本为一种政治制度，而寓有一种合理的文化观点及仁厚的人文精神在内。

四

若论西方历史上之“封建”，此乃罗马帝国统一政府崩溃后之一种社会形态。其时虽有“神圣罗马帝国”之呼号，但只是有名无实。唯有捧出教皇为国王加冕，使宗教势力凌驾于政治之上，终于演成政教冲突。最后由国家政府下令民间宗教信仰自由，实已是政治战胜了宗教，而后有今日之欧洲。他们脱出中古时期，渐使各国转变成为一种经济上之组合体。但文化上之大一统，则仍遥遥难望。

在周公时，周人本亦以武力得天下，但周公之理想则在求文化上之大一统。彼之制礼作乐之用意端在此，孔子之崇拜于周公者亦在此。所以孔子讲文王之道，而说：“文王既没，文不在兹乎！”又说：“久矣吾不复梦见周公。”孔子以文王、周公并提，而中间不甚提武王。近人梁任公尝说：“西方尚法治，中国尚礼治。”但“礼”如何用来治天下？此则须具体讲明周公当时制礼作乐之精义，自西周下及春秋时代之历史背景，始可具体明白中国古代“礼治主义”之实际事状。孔子论古人，自周公以下，唯重管仲。此因管仲能辅齐尊王，而一匡天下。孔子何以又说：“齐桓正而不谲，晋文谲而不正。”齐桓之不失正，则为管仲之功。此等处均不得于空言中求之，而应从具体事状中求之，则应细读《左传》。欲明孔子，不仅须读《论语》、《春秋》，还须下究汉、唐。欲明周公，同样道理，不仅须通《诗》、《书》，仍须下究春秋时代。凡在文化传统中有价值地位者，则必于此下历史事状中有其影响。诸位又应将中国春秋时代把来与今日世界相比，在今日只有共党尚有一套马克思理论，而西方自由世界则实已并无一共同的理论作指导。西方国家之所谓自由，此实来自法律，人人当在法律之下有其自由。而西方法律精神大体来自经济，所谓权利、义务，皆从经济着眼。至于宗教上之上帝，则又实际并不管此世界之俗事。

五

中国在古代出一周公，此诚为一伟大史实。自周公下开孔子，即是周公对中国文化历史之无上影响。中国文化中之道德精神，亦可谓自周公制礼作乐始具体创立。我们研究中国上古史，上自《诗》、《书》，下及《左传》，皆应注意周公个人之人格影响，始可得一条贯。周公在上，为一大政治家。孔子在下，为一大教育家。孔子有众多弟子，较之周公有众多诸侯，对历史上影响尤为伟大。此可使中国人深知何者可以传诸久远，深知

“教”必在“政”之上。而今日孔子之地位，亦远在周公之上了。

今天我们若昧失了周、孔之道，则中国文化便即失其特点。而所谓“传统”，亦即无存在之价值。今天我们一辈讲中国学问的人，也醉心于追随英、法、德、美诸国所谓“汉学家”之后，大体系搁置一旁，专在小节目上求知，无意中将中国文化与古希腊、巴比仑、埃及同等看待，这是大值我们痛心的。

今再综合言之。中国人讲道德，乃自个人开始，再遍及于全社会、全天下。无论后稷、文王、周公、孔子、老子、墨子皆然。在今天的中国，不得已而思其次，只希望能出一管仲，即已足矣。中国不会亡，但如何去做一中国人，则要我们自决自求。三千年前之周公，两千五百年前之孔子，言论思想，人格行事，一一在我们目前。只要我们肯去探求，又如何拿来变通实施，又如何把来更进一步发扬光大，此均待我们之努力。

秦汉学术思想

第一讲

一

我们讲秦、汉的学术思想，首先要谈一谈中国文化传统。中国文化，若依照现代语来讲，可说是一种以“人文主义”为中心的。但此人文主义，仍和西方人所谓人文主义略有别。中国人所谓人文主义，主要在看重政治与教化，其中心所重乃在此一人群，略如今所谓之社会。此一社会如何相处、相安？最要者乃在“政”、“教”二端。

事实上，中国古人有其理想来领导政治，再以政治来领导社会。诸位或将疑及，以政治来领导社会，便不民主。实则政治确当领导此社会，而此种政治必应有一理想作领导，而非以权力为基础。中国传统最讲政治理想，其最后、最有成绩者，应是周公。周公是中国古代最后一位大政治家，他定出了一套具有甚高人文理想的政治制度。后来至孔子，出而领导教育，即以周公为最高之楷模。所以周公到孔子，乃中国古代传统文化之主要精神由政治转向教育之最大关捩所在。

《论语》子贡曰："夫子之文章，可得而闻也。夫子之言性与天道，不可得而闻也。""性"与"天道"，此即近代国人所谓之"哲学"，中国古人在此方面发展不大。关于近代哲学所谓"形而上学"、"宇宙论"等，此见悬空，脱离社会实务，中国古人好像不大喜欢讲，即孔子亦如是。而此处所谓"文章"，则可分为两部分讲：一是政治性的，即一切摆出来的治国、平天下之规模和制度。另一部分则是根据那些道理写下来的著作。此在古代最主要的，即称为"礼、乐"，而写成典籍中心的，则为"《诗》、《书》"。

周公的礼、乐究竟是些什么呢？此问题要从考据上去讲。但写下来的《诗》、《书》，则仍留传至今日，我们可根据《诗》、《书》来推想当时周公之所以治天下之具。周公时代之礼、乐，今已不得见。仅在《诗》、《书》中，犹保留其一部分。可以推见其政治理想和政治设施之一部分，间接亦可明了周公之"制礼作乐"究是什么一回事。此种学问，成为此下中国之"经学"，即是根据中国古代几部经书，来讲论古人治国、平天下之道。至于修身、齐家，实亦包括于治平大道之内。必先修、齐，而后方可治、平。故礼、乐不仅是大群之治教所赖，亦各个人之修养所需。因此，以下中国儒家所讲之经学，其渊源乃来自周公，并已实施为治平之具，故在汉代儒家说“通经致用”。即到后代尚有赵普“以半部《论语》治天下”之故事。盖孔子之学亦来自周公，故仍可为治平之具也。以上此一番话，我们应先了解，然后方易讲明秦、汉时代之学术思想。

韩昌黎曾说：“周公而上，上而为君，故其事行。周公而下，下而为臣，故其说长。”故此下讲周、孔之道之人，而得致身社会上层，掌握了政治大权，他自会要求订制度、兴礼乐来治国、平天下，把他们的精力和工夫花在实际行事上，此即所谓“学以致用”。若果不得已而屈居于下，则只有同孔子一样，来从事著述、讲学了。如战国时之孟、荀诸子百家，此皆不得在上者。但彼辈所讲仍是一套修、齐、治、平之学，甚至如庄子、老子等，亦都如此。所异只在意见上，在实施方法上。但其对象则一，都注重在人文政教。不过是讲论机会多，而实施机会少，如此而已。

二

秦、汉天下统一，贵族阶级消灭，平民政府出现，一般读书人都获任用。此辈读书人的精力工夫，乃转移到政治的实施方面去，遂有了两汉四百多年的太平盛世。从外面看来，好像汉儒少思想，少理论。其实并不尽然。只是他们的思想理论，隐藏在行事的背后了。下及魏、晋，天下大乱，一辈读书人在政治实施方面无可着力，于是又流于著书立说，讲思想，讲理论。下及隋、唐时代，中国又统一了，读书人走上政治的，如房玄龄、杜如晦、魏徵等，他们的精力与工夫，又都流注到行事方面去。固然在唐代也出有不少高僧和大文学家，然更重要者，还多走向实际政治，反无甚多政治思想可言。宋代虽亦是一个统一政府，但却积贫积弱，开始便没有好规模摆出来。许多读书人感到政治无可为力，于是转到讲论学术思想的路上去。明代废宰相，儒家难能走上政治路向，故在下讲学的更多些。清代开始，学者更无权参与实际行政，才更转向在野讲论方面。要到道、咸以后，禁止渐弛。直到清末，学术界与政治界正逐渐分开，模仿走西方社会的路。

我们根据上述，在中国历史上有些时代，他们的所谓“学术思想”，大部都表现在政治上了，因而反像没有学术思想可言。秦、汉时代，便是如此。此因秦、汉时代之学者，多数是得意在上，故不待开口，只求把事业做出来。但却不能说他们无学术、无思想。孔子有甚多话讲，而周公则并无话讲。然应自礼乐与政制背后，讲出周公心中一番道理及其精神来。当知周公乃是从其思想而演出其外在之制度，故我们可以从制度推见其内涵之思想。

如我们研究孔子、朱子，当看他们的思想会推演出哪样的政治来。若我们研究汉武帝与唐太宗，我们即应从他们的政治来推寻他们背后的思想。中国文化传统正因偏重人文主义，以政教为中心，所言必求能行，所思必求有用，此一传统与西方实不同。若我们跟着西方，便把政治和学术分开，则秦、汉、隋、唐时代，便会有许多无从讲起，即讲来亦失却真相，此缘中、西双方历史情形根本不同。故我此次来讲秦、汉学术思想，开宗明义第一点就提出此看法，要请诸位了解。

三

其次讲到秦代，秦人所以统一六国，通常多以为由于秦国之武力。实则战国时代，业已流行着大一统、王天下、天下一家、中国一人、大同、太平等思想。此种思想实主要促成了秦代统一。

在战国时，任何思想家都不抱狭义的国家观念。诸子理论，都以天下为对象。虽其间各家各派立论不同，然其大对象则一。所共同要求者，乃是天下之治平，非各自国家之富强。秦人能统一天下，实已是当时社会一共同要求，学术界一共同理想所在。故秦人能乘此机运，而完成其统一之大业。

秦国之伟大处，在其最早便能不任用贵族，而多用外来之客卿。其他各国尚都是贵族用事。从这一点，便可说明秦国最能顺应潮流。即如秦始皇时，宰相李斯乃楚人，大将蒙恬乃齐人，都是客卿。秦国能把国家之最大权位交给于非本国人，这就显见较六国为进步了。待其统一天下后，也有他们的一套办法，如《中庸》上所说的“今天下车同轨，书同文，行同伦”，此实是说秦代统一以后之事。我们也可说秦之统一，事实上已是中国社会文化之统一。如其推行小篆、隶书来统一各地文字之异体别写，这是有大意义、大贡献的。直到汉代，欲入政府做一公务员，首先必考试写字，决不许写别字。中国文字划一，是自秦代开始直迄今日。“书同文”，实是了不得的一件大事。

又如“行同伦”，此与“书同文”实同指教化言。中国政治一向不太重视法律，而很看重人伦。法律是为统治，人伦是为教化。这一套思想应是秦相李斯的主意多些，而李斯则是荀子学生，亦是一儒家，一学术思想界培养出来的人。而秦始皇任用李斯，在彼心中，自然亦有其一套思想、意见可知。故秦代开始已是走上了重用学者来搞政治的路，这不是又走上了周公理想了吗？此乃中、西历史文化基本不同处。

今天所讲则只是本讲题之一个开端。当然秦始皇与李斯并不十分好，更决不能和周公相提并论。但我们所讲只注重在文化大传统上，所谓以学术来领导政治，且又以政治来领导社会。则秦始皇与李斯，确是在这一传统下受了影响的。

第二讲

一

清末民初时，一般学人，率以中国先秦时期比拟西方之希腊。认为当时有诸子百家，思想最复杂、最自由，中国学术以此一时期为最发达。迨秦一统，此一自由发达之学术思想便告一段落。以下中断，似是一脱空时期。此说实不尽然。

中国学术思想，自秦以后，仍然继续，并未中断。只是时代变了，思想也跟着变。从前可谓是诸子百家的分裂时期，而现在则要求调和融通而归统一。我上次已讲过，统一是时代要求，秦人顺此机运，故得统一中国。政治既臻统一，同时期之思想界，其内部本身也需要统一。各家各派争辩对峙，究竟哪一家的对？哪一家的不对？抑或在两家之间，能否有一汇通之处？此种要求，并非尽是专制政府在求统制学术、划一思想。

战国时，虽说百家争鸣，但特别重要者，亦仅儒、道两家。

中国传统文化精神偏重人文，道家则较重自然，此之谓“天人之际”。人生本存在于自然中，人类不能脱离自然而生存，亦可说人生亦是一自然。就此点看，似乎道家是在讲其大者，而儒家则只讲其小者。因此，后起儒家，不得不会通道家，自求广大。当时儒家中做此工夫者，例如《易传》，非孔子所著，实乃战国末年或秦、汉间人所作，其思想虽亦以人文为中心，但能顾到大自然。此则儒家汇通道家之后，而另成为一派新儒家。又如《中庸》，上讲所引“今天下车同轨，书同文，行同伦”之语，即出其篇中。此篇亦当为秦初之晚出书。今收入《小戴礼记》中。《小戴礼记》其他各篇，亦多从事儒、道汇通，而欲成为一派新儒家之思想者，如《礼运篇》，后人或言其为道家思想，亦有人指其为墨家思想者，然实际仍是儒家言。只是当时之儒家，多欲调融道家，并再汇通其他各家，而创造出一番新义。此即是一种学术思想趋向统一之征象。儒家如此，其他各家亦莫不然。此种情形，中国人向称之曰“气运”，今人则谓之为“趋势”或“潮流”。上述《易传》、《小戴礼记》诸书，皆在此气运中产生。虽此诸书之著成年代，至今或仍有人怀疑，争论未定，然大体已甚显然。

自先秦末期，下迄汉代新兴，中国学术思想界趋向统一，另成一新潮流。此实为当时时代之一种大趋势。却不得谓秦代统一后，中国学术思想即告中断，更无表现。

二

除上述新儒家外，其他欲汇通各家而自成一新派者，大致有三派较有力。

一是邹衍。战国百家中之所谓“阴阳家”，邹衍是其主要创始人。其实此派思想，即欲汇合各家别创新说，以顺应此时代需要而起。邹衍著述甚富，惜已不传。只在《史记·孟子荀卿列传》中，略可窥见其思想之一斑。汉代极看重邹衍，认为可与孔子相当。惟太史公独具只眼，认为孔子以下，真能传儒家统绪者，应属孟子与荀子。故其于《史记》中，特为孟、荀合传，篇中附带提及邹衍。正可从此篇列传中，看出邹衍思想，大体是采用了庄子，即道家大自然思想，而求会通于儒说。邹衍是一极富想象力之人，又善于组织。所惜是漫衍无归，致失儒家真义。而其支派演变，遂流为神仙方士，多涉迷信之类。其说直传至近代，仍在下层社会中普遍流行。医卜、星相，无不与此派思想有关。由此可见其势力之大，影响之广。但现在我们却苦无法在此方面详细讲求。

第二是吕不韦。本赵国大贾，游秦为客卿，位跻相国。尝招致甚多宾客，集体撰写一书，备述天地万物古今之事，名曰《吕氏春秋》。此书亦折衷百家，调和创造出一套新思想。方撰写时，每成一篇，即公开布诸咸阳市门，谓有人能增损其一字，赏千金。此举实欲掌握学术界权威，借以夺取政权，由是遂酿成当时秦国政治上一大斗争。当时流言，秦始皇乃吕不韦私生子，信否难言。但彼二人之背后，实有一政治斗争，则是毫无疑义的。《吕氏春秋》在《汉书·艺文志》内，列为“杂家”。此因其书内汇通各家各派，而不专据某家某派为主，故遂被目为杂家了。

第三人乃汉代刘安。为汉武帝之叔父，封为淮南王，亦曾集合宾客撰写一部《淮南王书》，现称《淮南子》，与《吕氏春秋》同样留存迄今。书以道家为中心，进而汇通百家，此亦可谓是一新道家。其后刘安与汉武帝冲突，以谋反名自杀，实则此亦凭借学术以为政治斗争之一种冲突。

由上述三人，可见中国自战国末期起，整个时代之“气运”皆在希望统一，即思想界亦不例外。大家走上此路，皆求如何统一汇通先秦各家各派之思想，以自成一套新的。其得失成败如何，乃是另一问题，要之不能谓是学术中断。

三

秦始皇在政治上斗胜了吕不韦，但在学术思想上，在此以前各家各派所有势力，秦始皇也无法蔑视。而且始皇自身，深受当时学术思想界影响，其在政治上有一极重要之措施，即是开始设立“博士官”，职掌不涉实际政事，专掌学术。不论古今，只要有一项专门知识与学问，便可设置一博士。故秦代博士官，乃儒、道、墨、法各家各派方面之人，尽归搜罗。《汉书·百官公卿表》称博士“掌通古今”，此亦可称为乃一纯属学术性的官僚，对古代、现代能通任何一门学问者，皆有资格充当。虽不管实际政务，但对国家大政，亦得参预论议。此犹如今日政府中有顾问、谘议，所谓专家、智囊团之流。在中国历史上，远在两千年前，即有此一类专掌学术性的机构，而且此下亦从未中断过。此种官员，我们不妨称之为“学官”。所以中国政府，我们可以称之谓乃一“士人政府”。西方社会有“民”无“士”，故彼之所谓民主政治，与中国传统之士人政治，仍有其大不同处。中国政治传统由考试制度来选士，西方民主政治则由政党来选举代表。直到最近，西方始慢慢有参考推行中国之考试制度者，但考试终不如选举之重要。此亦中、西双方政治传统一大相异处。而中国政治上之考试制度，则早在几千年前已有。此亦可称为中国历史传统中一伟大处。

在秦代，儒、道、名、法、阴阳诸家，皆得入政府为博士。博士官中当然亦有并不能代表真学术者，如占梦博士之类。又如《山海经》一书，多涉恢奇诡怪之事，在秦廷殆亦有此方面之博士。秦始皇遇出巡，每至一地，率皆详询专治此类传说之博士，遂而依其言来祭祀神祇。

四

在秦廷一最要之政治措施，厥为废封建、行郡县。有一次，始皇置酒咸阳宫大宴群臣，诸公卿与博士官等纷然上寿。有一博士即席发言，批评始皇废封建之举，以为中国有史以来向未有此。今废封建，太子降为庶人，如秦始皇长子扶苏即未有封地，等如一平民身份，似此实不足以统御天下，为长久之计。依今日看法，始皇废封建，实是一明智之举。但秦廷当时之政权，实甚孤立，故附和此反对废封建博士之意见者极众。此辈多讲周、孔之道的儒家，当时则讥之为“食古不化”。秦始皇遂以此事商诸宰相李斯。始皇尝读韩非书，大为激赏，每叹不能与此人同时。李斯告以曾与韩非同学，其人尚在。韩国闻之，遣非使秦，始皇留之，意欲畀以重任。李斯妒而进谗，非遂瘐死狱中。从此故事，可知始皇亦是一能欣赏学术之人。

始皇既重用李斯，李斯劝其勿听诸博士反废封建之说。此举实非不是，废封建乃是当时历史上一大进步。李斯，荀卿门人，荀卿则是知识阶级中贵族主义者。荀卿书中把知识分成几个等级，最高者是“大儒”，较次为“小儒”，又次为“庶人”。尚有一部分就知识论，亦是庶人之辈，但自视甚高，不知尊信大儒，如墨子、杨朱等人，此辈为荀卿心中最所厌恶，称之为“奸民”。此一心情，在荀子殁后战国末年，儒家中极所盛行。秦人统一天下，学术从此亦将定于一尊，再不容许人随意乱讲。荀子这些话，若借用今日之说作譬喻，则大儒是“先知先觉”，小儒是“后知后觉”，庶人是“不知不觉”，而奸民应是“反动分子”。荀子书中有此一理论，李斯据守师说，遂有焚书之事发生。我们应知此一事件之起，实由博士议废封建来。秦始皇与李斯力排众议，自有卓识。惟焚书态度，则实差误。但亦从荀子理论来，只是荀子仅载之空言，而始皇、李斯则以见之行事而已。

春秋、战国以来，大家已厌兵革，希望和平。秦人统一后，人们认为从此只有一政府，不复列国分峙，应不致再有战争。基于此一观念，故秦始皇自言彼乃“始皇帝”，其子为“二世”，孙为“三世”，如此连续，直至万世。今人多批评此语，认为始皇之专制思想，欲求其一姓为帝。审诸史实，亦殊不然。盖当时人已误认不能再有革命来推翻此大一统的新政府。如汉高祖以平民为天子，此亦中国历史上前所未有之新局面，亦非始皇所能想象。

五

始皇听李斯言，遂有“焚书”之举，然亦非将当时全部书籍都焚了。李斯师荀卿，荀卿崇拜孔子，孔子有弟子七十二人，故秦廷立博士亦七十二员。谁是第一人起来反对废封建者，其详已难考。惟此七十二人，固非全部都反对废封建。秦始皇当时所焚者，只是此批反对废封建者所根据之书籍，而复将此部分博士分遣返家，废此博士位不复设立而已。其中即有一位治《尚书》之博士伏生，私将其书秘藏于家壁中。下及汉文帝时，访求《尚书》，乃遣晁错至其家。时伏生已老，乃由其女相助口授。伏生盖在焚书案件时被废者。

又秦末山东兵起，二世尝召集诸博士问对策。此可为始皇焚书后，秦廷仍有博士官之证。

此外，书籍亦非全焚去。如《诗经》乃可背诵。如《吕氏春秋》、《庄子》等书，何人能通体记忆背诵之？下迨汉兴，禁律一除，书乃复出。我们自《汉书·艺文志》中，可知自战国时保留下来之书籍甚多，遭秦火者，仅是一小部分。

至于“坑儒”一事，则更与“焚书”不相干。如叔孙通在秦代，即是一博士，彼尚有甚多弟子相随。下及汉初，叔孙通复蒙重用。秦代坑儒，决非凡儒尽坑。关于秦始皇焚书坑儒之记载，详见于《史记·始皇本纪》与《李斯列传》中，始皇、李斯抱持其智识贵族阶级之高傲意态，不容许有反对者。其情记载颇明备，只是后人说得不符真相罢了。而且中国自有书籍，亦从未将“焚书”、“坑儒”连做一事看，故“焚书坑儒”四字亦决不连用。此四字连用，必见于清末西化东渐之后。当时中国人方自谴以为中国传统政治乃一如欧西人之所谓“帝王专制”，而秦始皇遂为其罪魁祸首，“焚书坑儒”乃其罪证。余此所辨，亦为中国文化传统、政治传统而作。

今再说，秦以后中国学术仍继续。所不同于战国者，乃在学术本身亦自有一统一之要求。即秦始皇与李斯，有些措施，亦仍是站在学术立场。只是凭借政权来统一学术，终不免有流弊。但亦不能专把“专制”两字，来抹杀当时之实情。讲历史每每得加上一题目，而此题目却甚要紧。下一标题，在涵义上可以大有出入。“焚书坑儒”四字，在近代社会已成为秦代历史上一大标题，秦始皇、李斯即无法洗脱其一切罪名。然若把秦始皇“废封建、行郡县”为标题，则只能把焚书一项纳入其中，而坑儒则与之无关。傥依当时史实，把“焚书”与“坑儒”两事分别看，则所给后人印象便可大不同。总之，我们应详知一事在当时历史上之始末，源源本本，就事论事，不可凭时代私见，妄立标题，这样便不致有大误会。

六

我上面多把学术与政治参合讲，这亦是当时历史情实如此。诸位当知荀子、韩非之学术思想，到秦代并未中断。只是在秦始皇、李斯手上，转移到实际政治上来了。故秦代政治措施之背后，仍有一番学术思想。其废封建、行郡县，并非不是。但他们希慕古代，欲凭政权来统一学术，却大大不是。

下到汉代，始是道地的平民政府。实际仍当称为不失一“士人政府”之传统。时代已变，但先秦学术则仍未中断，此待下讲再说。总之，博士官之设立，此是秦代一重要措施，不能说其不是。又如秦代推行之“书同文”政策，此乃中国以后常保大一统局面要素之一，亦不能说其不是。我们评论古人，亦当平心立论。秦始皇统一天下后，在文字上、风俗上、学术上，皆想做一番统一工作，大体亦是一种历史趋势。历史上经过一段统一，久后又要分散，分散后又要统一。秦始皇所行，则只是当时历史上之一时的趋势所激成。只是秦始皇太自信了，太傲视一切，故他死后不久，秦政权便失败。

第三讲

一

我们前已讲过，秦人之统一乃是历史之必然趋势。且其统一后之政治措施，也多能配合历史潮流。但何以秦代会如此速亡？这似是一问题。

其实中国古代社会，分有贵族、平民，截然两阶级，这固可说是一封建社会，在封建社会里，贵族世袭，诸侯各自为国，成一分裂局面。但贵族诸侯与平民之间，尚有一“士”阶层，此诚中华民族文化演进中一特有之现象。而且乃具甚深意义之一特殊现象。此一现象，乃为世界上其他民族所未有，而惟我中华民族所特有。故中华民族乃可称为一“士中心”之民族，而中国社会亦可称为一“士中心”的社会。此事自古已然。下至战国，贵族社会渐趋消灭，只剩下一个平民社会，而士则为之中心。当时士阶层许多学者即都由平民社会来。此后周天子、齐、鲁诸国，一个个地崩溃了。秦之立国，虽有五六百年以上的历史，但毕竟同是一贵族传统，依着历史大潮流，也一样要崩溃，不过它是最后一个而已。待汉高祖起来，平民政府才开始出现，而其最主要之中心，则仍为一士阶层。故秦代在历史进展中，只是一过渡。以下才是正式的平民政府，实即是一士政府。这事尚在西方史上耶稣降生之前。这在世界历史上，实足夸耀。

二

汉承秦末大乱之后，民力已竭，人心思静，故其初年政治，多仍秦旧，专尚道家无为，与民休息。此可举一故事来讲，曹参本只是秦时沛地一狱掾，后从汉高祖起兵，攻城略地，身被七十创，在汉初集团中，诚有了不得之大功。汉高祖即帝位，论功行赏，以参为齐相国。汉初君臣，本未有一套远大的政治理想，故又恢复了封建。齐有七十二城，蔚为大国。曹参一旦以战功贵为相国，彼固不知政治为何物。至临淄，即尽召齐国长老诸先生，请问如何安集百姓。齐故诸儒以百数，言人人殊，参未知所定。后闻胶西有盖公，厚币聘之。盖公为言："治道贵清静，而民自定。"所谓"卧而治之"是也。盖公殆是守道家言者。参颇以为然。所谓卧而治之，亦是彼之所能。遂一意与民休息，无为而治，相齐九年，齐国大安，时称贤相。由此可知，汉初并非如一般人所想象社会上更无读书人。虽在上之君臣多为起于草野之武夫，然在下仍有大群读书人存在。

后来汉中央政府相国萧何卒，以参代。高祖尝封萧何为开国第一功臣。群臣不服，以为参功最多，宜居首。恐因此参与何有隙。然萧何临终时，惠帝亲临视疾，问谁可代？何力荐参。而参一闻何卒，即趣家人治行，不久果召参。

参为相国，诸事无所变更，一遵何之约束，惟日夜饮酒，无所事事。参有子名窋，为中大夫，侍帝左右。时惠帝怪相国不治事，以为或因己年少，故轻之。乃召窋，使归试问之，却诫其不可直言由帝示意。窋以休沐归家，从帝言谏参。参大怒，笞责之，曰："天下事非汝所当言。"后帝知之，不悦。朝会时，诘让参。参免冠谢曰："陛下自察，圣武孰与高皇帝？"惠帝曰："我何敢望先帝！"参又曰："陛下观参与萧何孰贤？"曰："似不及。"参乃劝惠帝遵守先帝、先相成规，垂拱而治。观此事，参虽未读书，无学问，然朴诚有大度，其气量心胸殆不可及。彼相齐时，即未尝以军功自骄，而谦恭下士，能遍询诸儒以治道。及继何为相，亦能仍守前态，谨行不改。即惠帝虽年轻，然虚衷谦退，仍能任用曹参，亦见其伟大处。

庄、老所谓"无为而治"，此只是一句话，须待有合适理想人始能见效。如曹参即是一极朴诚、老实、简单、本色之人，十足代表了下层平民社会之最高美德。汉初无为之治，看似平常，然细看当时人物，便知无为而治，也须有此项理想人。所谓"道不虚行"，"苟非至德，至道不凝"也。

三

文帝为惠帝异母兄弟。文帝母薄姓，出身微贱，母子都在灾乱中长大。故文帝母子皆谨退自守，亦懂得庄、老哲学之深旨。文帝初立，闻河南守吴公治平为天下第一，征为廷尉。时洛阳人贾谊年少，颇通诸家之书，在吴公门下，吴公荐之于帝，乃召以为博士。贾谊为汉初一伟大学者，时年不过二十余，曾师事张苍。苍于汉初，尝任至御史大夫，通《春秋》。可知中国学术传统在汉初并未中断。

谊在朝，每诏令议下，诸老先生未能言，常尽为之对，人人各如其意所欲出，文帝悦之。时谊上疏陈政事，是为著名之《治安策》，以为言者每谓今天下已安、已治，此皆非事实、知治乱之体者。谊之警言曰：今日之天下，犹如“抱火厝之积薪之下，而寝其上”。故谓今日乃有足以“痛哭、流涕、长太息者”若干事。此自是谊之深见卓识。然值其时天下安息，谊危言若此，亦见谊究是一青年人，在当时似嫌过火了些。

此疏分条陈政事，其中有一条系论如何教育太子者。太子乃未来之君主，不可不受教育。即如惠帝与文帝，幼时在宫中或外郡，亦均有师傅。文帝见此疏，大为赏识，乃以谊为长沙王太傅。谊渡湘水，作赋哀吊屈原。后岁余，文帝思谊，征之还。帝尝一日召谊与论政事。并因感鬼神事，而问鬼神之本。谊具道所以然。至夜半，文帝不觉前席。既罢，帝叹曰：“吾久不见贾生，自以为过之，今不及也。”乃拜谊为梁怀王太傅。后梁王以出猎坠马死，谊遂常怀郁郁，后岁余，忧愤以终。

读史首当懂得历史上之人物，譬如曹参、贾谊等，要能想象得出彼为一什么样底人。宋苏东坡作《贾谊论》，谓谊年事太轻，当时元勋功臣俱在，文帝虽心重谊，但格于形势，当然不能令谊骤掌国事。责谊不能自持重，以待他日之见用。而王荆公有七绝一首，亦论贾谊事，谓谊之死，乃因梁王坠马夭折，谊自感未能尽师傅之责，心怀郁闷而卒。以苏、王两家之批评相较，似荆公所见，更能得真。我们今日读史欲了解古人，亦应知从前人之批评如何。从前人之眼光识见，亦有较今人高明处。参考前人说话，可增自己聪明。

我读贾谊《陈政事疏》，自得一发明。在先秦时有诸子百家，为何一入汉世，儒家独见尊？我在贾谊此疏中，悟得此事，至少是此事中极关重要之一端。因百家中，惟儒家注重幼年人之教育问题。《论语》开卷即言：“学而时习之，不亦悦乎？”以此教年轻人最为合适。《老子》开首云：“道可道，非常道；名可名，非常名。”《庄子》开首：“北冥有鱼，其名为鲲。”此等皆不宜把来教年轻人。他如申、韩之说，更与教育年轻人无关。秦始皇使赵高教授其少子胡亥，宜乎铸成大错。赵高是一法家，胡亥自幼习刑名，仅知何者当“劓”，何者当“黥”。少年受如此般的教育，将来如何能做一好皇帝？又如名家之“白马非马”，墨家之“摩顶放踵”，或纵横家、阴阳家言，全都与教育年轻人无干。故在中国古代，惟儒家书适合作教育之用。西方有宗教，而中国无之。西方人带孩童进教堂，令信仰上帝，然主要不过是死后事。中国儒家则是讲孝悌，教人做人的道理，似乎更与教育有关。

四

贾谊《治安策》中所讲如何教育太子一大问题，却发生了大作用，至汉武帝时遂有“表章六经，罢黜百家”之举。当时大儒董仲舒举贤良，有《天人对策》见重于武帝。此《对策》共三篇，今均存录于《汉书》。时武帝亦不过一二十左右之青年。现代人不读书，却肆言儒家因能帮助皇帝专制故得势。然诸位试平心静气一读《史》、《汉》记载，便知事实真相非如此。

文帝时有辕固生儒家，与黄生道家皆为博士，二人尝争论于帝前。辕固生讲汤、武乃革命，黄生不以为然，谓：“冠虽弊，当在上；履虽新，当在下。”辕固生驳之曰：“若如此，则高祖代秦即皇帝位亦非邪？”帝乃解之曰：“食肉不食马肝，不为不知味。”把此问题搁置了。即就此一故事，亦见儒家思想并非真是合宜于专制。

汉武帝为太子时，其师王臧乃儒家，武帝即受其影响，此是当时实情。而且孔子受时人尊敬，亦是很早已然之事。汉高祖于作战时，路过曲阜，即尝去祭祀孔庙。汉代诸帝皆以“孝”为谥，亦见其受儒家影响。但此均在武帝前。文帝好道家言，但以贾生为其二子之师。景帝好法家言，亦以王臧为武帝师。

只要教育权落在儒家手里，儒家言自会胜利。

我们今日不读书，妄加批评，说“汉武帝罢黜百家，表章六经，乃为助其专制”。此套意见流传社会，其害匪浅，甚至要高喊打倒孔家店。但孔子打倒了，又不信耶稣，如此则只有请马克思来了。

青年教育是件极端重要的事。中国有一部《论语》，西方有一部《圣经》，都可作青年教育用。诸位尽重视科学，但爱因斯坦之《相对论》，并不宜用来教育一般人。马克思之理论，也不适宜用来教育青年。

综上所述，可知孔子思想所以大兴于汉代，实与贾谊建议重视太子教育一事有重大关系。

第四讲

一

现在我们要讲到汉武帝。秦始皇与汉武帝，实为中国古代两位大人物。

在中国古代历史上，划时代之伟大时期有三：

第一，有郡县的统一政府自秦代始。周代只是封建的统一，非真统一。

第二，中国首先有一个平民政府，自汉高祖始。

第三，引用读书人来担任政务的文治政府，自汉武帝始。

故自秦始皇到汉武帝一段时期，可说是中国历史上一段突飞猛进的时期。这背后也有学术思想的力量在鼓动，却不是盲目地就能如此的。

武帝即位后，董仲舒在《天人对策》中，提出了“复古更化”四个字。“更化”即是要变更秦代的一切，要重在历史传统中找新出路，即是当时之所谓“复古”了。汉初政治重尚道家，一意恭俭，无为而治，与民休息，甚合开国时期所需要。但过一时后，国内安顿下来了，社会经济复苏，民间财富日趋盈溢，问题便逐步增添。到武帝时，汉兴已七十年，面临此一局面，试问应如何作对付？若只言“无为”，出了问题，即只有依照秦代留下法律来处治。因此当时汉廷一切措施，渐渐走上外面是道家无为，内里实是秦人法治那一套。汉武帝即生此时代中。远在贾谊陈《治安策》中已提出，关于政府的礼制，关于社会的风俗等问题，此皆极须注意者。即如宰相犯法下狱，贾谊意以为，一国政治上之最高负责人，一旦因事受制于卑猥之狱吏，此乃一极难堪不适当之事。现代西方政治，认为凡人在法律面前一律平等，此固有理。然论中国传统，重在政教相配合，法律可以用来“治”，却不能用来“教”。论“教化”便须重“礼”。贾谊此项意见，在当时实极重要。其论风俗，抨击当时富商大贾竞相侈靡，甚至民间有卖僮者，亦为之绣衣丝履，较诸王室贵族尤为奢丽。此一问题，亦在当时法律以外，并亦非专凭法律所能解决，于是又须提到儒家“礼”字。可知，专尚无为与法治，在贾谊时已弊端百出了。下至董仲舒《天人对策》中，乃以为秦人不及二十年而亡，而周代却享国八百年，因此主张汉不应法秦。此语固有历史根据。适武帝自以雄材大略，处于大有为之世，欲建超古之伟业，乃加听信，一意来复古更化。

二

仲舒虽只在汉朝当一王子太傅，未尝任高官重位，然彼之建议却一一得以实施。其间重要者，如立“五经博士”是。博士之由来，前已讲过。秦博士职掌“通古今”，只要有一项专学即可。后于讨论废止封建时，乃将不达时务、专一主张复古之博士废除。故秦时所立，实乃百家博士，都是战国新兴诸家，而把治古学的诸经博士都废了。汉武帝立五经博士，废百家博士，与秦制正相对转。

今且论百家言与五经之异同。当时人关于学术分野之观念，当知与我们今日所想象者实有不同。如孟子、荀子属儒家，此亦百家中之一家。汉文帝时仍有孟子博士，汉武帝时废百家，便亦随而废了。其他如庄、老、申、韩皆如此。只有孔子，却是中国古代学术史上一转捩人。古代有“王官之学”与“百家之言”两大分野，《汉书·艺文志》即如此。周公制礼作乐，五经即西周治平之具，此所谓“王官学”。其后诸说纷陈，遂为“百家言”。孔子尊崇周公，通古代经学，上接王官之学，下开百家之言，承先启后，把古代的王官学传播到民间，孔子乃其一重要过渡人物。孟、荀儒家亦通古代经学，然与孔子不同。周公是古代王官学之创始人，孔子则是古代王官学之整理人。

汉武帝立五经博士，尽废百家，则儒家亦在所废。汉人读书，在十五岁前，开始第一部读的是《孝经》；其次读孔子《论语》；第三是《尔雅》，此乃一部字典，相传系周公作，实不可靠。此三书为当时之小学教科书。然后再读五经。汉武帝立五经博士，只是重兴古代的王官学，来代替后来社会新兴的百家言。

当时之王官学与百家言，亦有一重大分别。大体说来，五经都讲历史，而百家言则只自陈己说，更不根据历史了。如《诗经》，实是一部古代之历史，其中记载有后稷、公刘、文、武、成、康，下及幽、厉诸王之事。又如《尚书》、《春秋》，其为一部历史书，更不用说。若读《老子》，只见"道可道，非常道"一派理论，更不见历史事实。《庄子》书中更无历史，所有只是些寓言。惠施、公孙龙以至申不害、韩非子亦然。任何一家言皆如是，都在讲思想，而非讲历史。

中国文化传统注重人文，便亦注重历史。历史始有经验根据。战国与秦代，皆在乱世，不够代表传统。近人每以西方人观念来讲中国，殊不知在西方古代，如希腊、罗马，本无一部正式的历史记载。西方有历史著作，乃是近代几百年间事。只有中国史学在世界上，最发达、最完备。汉武帝当时既不能一切因秦之旧，便要复古，重新回到古代历史，返本穷源。一切不依历史，只依我一人自己意见，此是极权政治。人终不能自我作古，一切该有一来历。西方人崇信基督教，只讲天堂灵魂，不讲地面肉体。耶稣曾自说过，"凯撒事归凯撒管"，其意即是宗教信仰不问现世政治。但只灵魂上天国与否，其事却由耶稣管。此所以成其为宗教。因此亦使西方古代政治家们，在重大措施方面无所适从，只得尽由凯撒去管了。中国到汉代已有了二千年历史，武帝不再依照秦人之旧，而要上追古代，主要自是周代。而看重了周公、孔子那一套王官之学，即五经。在他亦自有一套想法。我们却不能在快近两千年后之今天，来妄肆批评，说其一意只想专制。读史做学问，胸襟要广，且须有真知识，能赋与古人以同情。所谓设身处地，知人论世，不是可以随便凭我意见下判断的。

百家言当然亦重在讲政治，然所讲都是一家之言。谁是谁非，谁得谁失，极难定。五经中多史事，却能予人以一项知识，此乃历史事实，客观地存在，不容你全无所知。尤其中国人讲政治，都要与教化问题相配合，周公之伟大处，承先启后，正在此。武帝立五经博士，所谓复古，即是要人提倡历史知识，尊重历史传统。知道了历史，还可以各人有各人的意见，这便不是专制。

道家政治尚权术，法家政治尚刑赏。刑赏亦是一种权术，只是具体而微，形而下者。故老子实高于法家。但权术与刑赏，皆与教化不相干，在政治上，全属一种手段，掌于上层人手里。儒家重教化，其用意却能下达于民众。即以《论语》、《老子》、《韩非子》三书作一比较，《论语》中处处为民众说话，心胸自较广大。中国人在二千五百年前，即懂得就人类全体来讲政治，此实大可珍视。即在今日，孔子讲政治的几项大道理，仍极真确，仍有无可非议处。因孔子本历史讲，本全人类讲，故疵病较少。

再换言之，“王官学”与“百家言”二大分野，前者存于政府，后者是春秋以后，中央衰微，流于社会。汉代至武帝时，国势大盛。汉武帝是一青年皇帝，他内心不钦服百家言，转羡古代西周全盛时期之王官学。此种分别，或有未尽妥当处。然若据此来作批评，尚较近情理。若定要说武帝乃借孔子思想来推行专制，事实根据何在？但自清末民初以来，一般人全持此论。却不知武帝自幼读书，其师即是一讲孔子儒家言者。青年人受老师影响，这不是一件较近情理，而且也可原恕的事吗？我毕生治史，至少有一点贡献，即不愿不读书来任凭己意妄肆批评。古人早已死去，又何法答辩呢？我只想依据历史来讲述当时真相。至于古人当时之是非得失，至少该先知历史实情，才可再下判断。

三

汉武帝立五经博士，其一切政治措施，亦总想依据五经。如张汤幼时，父为长安丞。某日父外出，命汤守舍。及还，肉为鼠盗，父怒，笞汤。汤捕得鼠及余肉，劾鼠掠治，传爰书，讯鞫论报。并取鼠与肉具狱，磔堂下。父见之，视文辞如老狱吏，乃大惊异，遂使书狱。后汤为武帝之廷尉。武帝虽年轻，然其人极英武。汤尝判一案，不惬帝意。命加修正，如是者三，掾史皆莫知所为。时兒宽以从史在廷尉府，为言其意，掾史因使宽为奏。奏成，读之皆服。以白汤，汤大惊。召宽与语，乃奇其材，以为掾。上宽所作奏，即时得可。异日汤见，武帝问此奏谁为之？汤言宽。帝曰："吾固闻之久矣。"后拜宽为御史大夫。宽治《尚书》，以郡国选诣博士，受业于孔安国，亦一儒家。当知判案必须有根据，若只言依法律，亦有事出法律之外者，试问将如何作断？武帝亦力求判狱有根据，且帝方向文学，又心存好古。廷尉等乃上希武帝意旨，用博士弟子治《春秋》、《尚书》者，援引古义，以决大狱。此事亦见当时实情，却不该一切只是说武帝专制。张汤是一个法学天才，但判人总不能如判鼠般。武帝至少比张汤要高出百倍了。

又武帝晚年，卫太子尝为乱，死兵中，然民间仍盛传太子仍在。后昭帝立，始元五年，有一男子至京师，自言为卫太子。诏使公卿、将军等共识视之。长安中吏民聚观者数万人，右将军且勒兵阙下，以备非常。丞相、御史等至者，咸莫敢发言。京兆尹隽不疑后至，叱从吏收缚。时有人曰："是非未可知，且安之。"隽不疑乃一治《春秋》之儒家，即引《春秋》所载，卫灵公太子蒯聩尝违命奔晋。灵公卒，卫人立蒯聩子辄嗣位。后蒯聩欲求入卫，辄拒不纳，而《春秋》是之，不疑据此答曰："卫太子得罪先帝，亡不即死。今来自诣，此罪人也。"遂送诏狱，经鞫讯后，果是伪冒者。一时遂有大臣当用读书人之说。

自此汉廷大臣，全出儒生。其所读书，主要即为五经。今尚有传为董仲舒所著《春秋决狱》一书。我们固可批评依据孔子《春秋》来判狱，此是一甚为牵强之事。但在当时，不直率依照皇帝、公卿大臣之意来判狱，却定要依据孔子所言，总还可知汉人之推崇周、孔，乃是鉴于政治上实有此种需要。故当时人遂有“孔子为汉制法”的说话了。

四

汉自武帝时复根据董仲舒建议，为博士立“弟子员”。“员”是定额义。初时有五十名，其后益多。博士犹如今日国立大学之讲座，弟子员则是国立大学中受国家津贴之学生。经考试卒业后，得补郎吏。“郎”为宫廷中侍卫，此职过去多为贵族子弟之专任。“吏”乃返其家乡任地方政府中之职员。自武帝后，郎吏皆改由大学生任之。大约至宣帝时，非读书人即不能为公卿或地方官员。汉人此一制度，可谓在世界历史上亦仅中国先有。若言武帝存心专制，为何定要定出此一制度，来约束自己不能随意用人？故我说，汉代自武帝后，始有一“文治政府”，或说是“士人政府”。以下直至清代，凡属政府用人，都必任士人，即读书人，成为一项定律。

近代西方首先学此制度者为英国。其东印度公司首用此制，后经英政府正式采用，是即“文官考试”制度。不过仅为中、下级官员，其最高级者，却仍由政党委派，不一定经考试。

凡做官者一定是读书人，中国自武帝以来两千年皆如此。今人乃云，中国今日之衰，正由于读书人之从政。此不过专把责任推在历史古人身上，却不肯说我们自己不行。然读了历史，至少使我们能平心立论，对历史上古人多一些同情。对历史上古人能有同情，自对同时代人也能有同情。现代人对历史上古人全不有同情，只知肆意破口谩骂责备，宜乎对自己同时代人，也渐不知有同情了。

第五讲

一

我们讲历史，最重要者，是要明其“变”。历史上之各事件，本属经常不断在变。现代人不读历史，不了解历史真相，却每喜妄言“中国二千年来是一封建社会，中国二千年来是一专制政府”，或“汉武帝表章六经后，学术定于一尊”。凡此云云，皆非历史情实。从来亦无二千年不变之历史。若尽不变，也便没有历史了。如云“学术定于一尊”，则何以魏、晋后庄、老思想又盛行？而佛教又何以能进入中国？可知此等话皆无当史实。

汉武帝以后，即在经学方面，亦有很多很大的变。大概在武帝前，初讲经学，都属博通之才。此后则多为专精之学。根据《汉书·艺文志》所载，汉代人十五岁读《孝经》、《论语》、《尔雅》，此三书为幼学必读之书。十五岁以后，即读五经。汉代学者多来自田间，在农作中，一年可有三个月空暇，时人遂多借此一农隙期读书。依照《艺文志》所言，三冬可通一经。此事亦甚简单，如《诗经》三百首，一日通一首，一月可通三十首，三月通九十首，如此三冬，即可读毕全诗。《易》有六十四卦、三百八十四爻，一冬求通二十卦，三冬亦可全通。《春秋》共仅二百多年，一冬不用读过一百年。他如《尚书》，篇数更少。如此读法，三年通一经，十五年尽通五经，自非难事。斯时正值三十岁少壮时期，已可出来任事。

五经内容，若以现代语说之，《易》是哲学，《礼》是社会学，《春秋》是史学，《尚书》是政治学，《诗经》是文学。当时如通此五经，对人文学科各方面知识，已知得一大体。再配上实际事务经验，宜可从政。故汉儒读经，最先主“训诂通大义”。汉时人读秦以前几百年前之书，已需训诂。所谓“训诂”，乃用今字释古字，如：“而”、“汝”、“乃”、“尔”，为一义。先通训诂，其次求通大义。如《论语·乡党篇》，甚难讲释，故求通大义，则此篇尽可不读，只就能懂者，通其大义已足。

汉初人此一“通经致用”，务求造成通才的教育，实在当时发生了功效。但后来却渐渐转成为“专精之学”。此因汉廷立博士，博士有弟子员，博士所学原本不止通一经，然所主讲，则只一经。他经由他博士担任。如是代代相承，训诂之学愈讲愈细密，循至逐章、逐句、逐字求解。繁文旁衍，不厌其详，积久便自“训诂之学”变而为“章句之学”了。又因同是一经，而主讲者亦不限于一人，讲法每因人而异。惟博士弟子须经考试方能有出路，应考遂有“家法”。即考试时，先声明所答系跟从哪一家讲法，遵守哪一位先生之所说，使阅卷者，可以依其家法评断。自承受学何家，此亦谓之“师传”。故汉儒经学之所谓“家法”与“师传”，论其实际，亦甚平常，只是当时诸博士、诸经师间之一些异说而已。

汉代初立五经博士时，其博士员数决不止五位，故一经同时可有两人以上任讲座。但他们虽同讲一经，而说法却有不同。最显明之例，如当时讲《春秋》，即有《公羊》、《穀梁》两家之异说，后又增出《左氏》。讲《诗经》亦有齐、鲁、韩三家，后又有《毛诗》。此等虽讲法不同，但所讲同属一经。这便在同一经中，逐渐表现出许多异说来。因此在汉宣帝时，尝召集诸博士及在朝公卿大夫公议，此诸经诸异说中，何家可承认立博士，何家则否。最后之规定共得十四家，此乃经学史上一大问题。从此以后，此十四家博士之经文解说，乃日益冗碎，大家务求讲贯精密，以防异家之非难攻驳。如《尚书》开首“曰若稽古”四字，其讲义可衍长成三万字之多。此犹如民国初年坊间所印小学教师所用之教学用书，开始一“人”字，依教学用书，便可讲授几个钟点之久。如此教育，势必误尽聪明子弟。此种情形，其实汉博士之经学早已如此。直至东汉，此等经学讲义之繁琐，愈演愈甚，使人生厌。下到三国大乱后一扫而空。下及清代，一批批的汉学家，却又想尽力辑求，恢复汉博士当时讲法。那真是太平时代一种徒耗心力的玩艺儿罢了。

班固《汉书·儒林传》对此叹曰：“禄利之路然也。”这就是说，如此讲经，除却为谋求禄利，别无其他意义了。然当时亦尽有人不甘于此者，彼辈情愿随意涉猎各家各派之说，以寻求各经之大义所在。于是经学遂分成今、古文两派。“今文派”即是朝廷博士章句之学。“古文派”则流传民间，不守家法，仅求通大义。

东汉末，出了一大师郑玄。郑氏乃山东人，游学四方，遍历中国。他兼治今、古文，后以山东无足问者，乃西入秦，师事马融。时融门徒四百余人，得升堂进近者仅五十余人。玄在门下三年，不得见融一面，仅从其高业弟子学。一日，融集诸高材生，考论天文图纬，遇某一数学问题，师生均莫能解。玄善算，获召见于楼上，解此算题，融始赏识之。因得提出其平素对经学中数疑义，问融毕，即日辞归。马融喟然谓其门人曰：“郑生今去，吾道东矣！”

汉代之经学，开始是训诂通大义，后乃演成家法专精之学，而益趋繁琐。到东汉末，又转成郑玄那一套从章句烦琐中重求贯通。此是两汉博士经学演变之大致。

现在若要详细讲到汉代经学上之许多问题，则此事甚复杂，不能在此多讲。此下只想提出一重要之点，略加分说。

二

汉代经学好讲灾异，此种讲法，与过去孔、孟儒家不同，亦与将来后起之经学家所讲又不同。因汉人最先很看重邹衍，衍乃阴阳学派，喜讲五行之学。所谓“五行”，本指天上金、木、水、火、土五行星。又将宇宙万物，各分为五行，各有其特性。或可解释为物体相异中五种不同之趋势或倾向，如“火炎上”，“水润下”之类。中国古人认为宇宙一切物体，皆不出此五行。此套学说流传社会，循至医药、星相都把五行学说来解说。

但汉人讲五行之学，却转出一番极大理论，此即所谓“五德终始”说。他们认为天上有青、黄、赤、白、黑五天帝，每一天帝代表一行。又把五行分属四季与四方，如青为春，属木；赤为夏，属火；白为秋，属金；黑为冬，属水；黄为中，属土。于是五天帝配合着四时季节，而表现其特性。而国家之政令，则亦必配合于此四季之时令，如死囚行刑，限在冬末，开春则宜行赏等。《小戴礼记》中有《月令》一篇，即凭此理论而规定。五行有“五性”，亦称“五德”，如春为青帝，其德主生；夏德主长；秋德主收；冬季黑帝，则主杀。由于每一天帝仅留一季，如青帝仅主管了春季三个月，到夏季第四月，青帝即不再当令，须让赤帝了。五帝各有其终始，于是据此转过头来讲历史，如夏、商、周、秦各代皆如天上有五帝般，亦各有其终始。换言之，即是每一王朝，必有其起讫，断不能有一王朝，长此当令，永不退下。于是哪一王朝该退，哪一王朝该兴，便发生了种种的推算法，经学家变成了预言家。他们说，上天借“符瑞”或“灾异”来昭示世人。受符命者，方可作新王，代前王朝而兴起。汉高祖何以能直从一平民跃起为天子？当时即把此理论来推断。但五德终始又可分五行“相生”、“相克”两说，如秦为水德，汉为火德，即主相克说。

下至汉武帝时，汉皇室正臻极盛时代，乃有人说，汉既膺天命，得为新王，此刻应封禅祭天告成功。既接受了天命，自应对天有一交代。但汉武帝以后，一般的想法又不同了，他们说："自古未有不亡之国。"汉代既有了成功，下面自该又有新王朝继起。中国人至汉时，至少已将这一点历史看通了，即一个王朝终必衰歇，让后起新王朝来另做一番，他们认为此乃天意，无可违抗。而国运将终，当政者不能及早觉悟，上天必示警，此即是一种"灾异"。灾异既显，此一王朝只有两条路可走：一是禅让，一是被革命。若旧王朝坚不肯让，自然只有下面起来革命，则不如及早效法唐、虞之禅让。汉宣帝以后，此种说法大行。当时许多儒生，皆认为汉代不应继续主政，该及早择贤让位。此等说法，虽像迷信，但其背后，实有一套大理论。实仍来自历史与儒家之正统。不该因其羼进了五行说，而全部抹煞之。

诸位或许会发生疑问：当时人既知如此，何不趁早学习如近代西方之民主选举法？若要解答此问题，还应自中国与西方历史之异同中求答案。这正如诸位读了汉武帝远从西域求天马作远征匈奴准备，而责怪他何不早发明坦克车一样。此等意见，实是抛弃了历史来加讨论，这是最不应该的。诸位细读《史记》、《汉书》，详知当时史实，自会对当时经学家那套"五德终始"说，也发生一番欣赏与同情。

因畅行了五德终始说，而产生了此下王莽代汉之事，此亦并非如后世所言之所谓"篡"。"篡"是不道德的，接受让位与篡不同。如青帝必然该让位于赤帝，赤帝接着青帝来执行天运，这其间并无好坏可言，只是理势宜然。若我们要说儒家思想便于专制，就历史情实论，也决非如此简单。即如孔子思想都存在于《论语》中，亦不可说其为专制政治推波助澜，或奖进专制。诸位或要说，汉儒之五德终始说，毕竟是不科学的。但诸位遍读世界史，即如西方人所艳称之希腊与罗马，究竟当时又有几许是合乎现代科学的？现代科学诚然可为我们目前创造福利，但并不是发明了现代科学专供我们作评判以前历史的一切标准。又有人说，王莽篡汉，所根据的只是古文经学家之伪说。其实五德终始乃今文学家言。我在《刘向歆父子年谱》一书中，已将当时思想上和实际政治上种种真相实况都扼要地分析列举了，可用来作参考。

三

讲五德终始同时，又有“通三统”之说。如《春秋》开首“春王正月”，何以正月上要加一“王”字？据《公羊》家说法，此是孔子大一统之义。所谓“大一统”，是说政治该以一统为大。但孔子虽看重一统，却不说只许有一个统，乃有所谓“三统”之说。“三统”无异是说“多统”，故汉儒刘向说：“王者不可不通三统，明天命所授者博，非一姓也。”从历史经验言，天意决不专命一姓为王。在同一时期，政府虽只能有一个，然在长期中，势必有异姓易代之事。读《春秋》通三统之义，便知不能只尊着汉代一统，谓可天长地久，永不下台。此种理论，在汉儒中如董仲舒、刘向等，皆如此讲，此乃当时汉儒之通义。

上述“三统”、“五德”之说，终于把西汉逼亡了。下及东汉，光武帝起，乃把此等说法渐渐禁止，不让再讲。但后来曹操、司马懿篡位，却仍是假借五德终始说。因曹氏与司马氏两家，政治道德太不够格了，此下的儒家乃再不提五德、三统的旧说。但王莽为人，实不失一学者型。他在当时，实受大批学者拥戴，确是一种思想运动助成了他，不能与曹操、司马懿相提并论。

若我们把汉儒经学思想澄汰其污垢杂说，专从大道方面言，则大体可谓仍是上承孔、孟，直接儒家传统而来。只不能如孔、孟之简直、痛快、明白、干净，其中多掺杂了些别的成分，不免横添了许多疵颣。但亦仅是如此而止，我们也不该专从那些疵颣处来过分作苛评。好在历史上有两汉长时期的治平成绩，来代他们作辩护。

至于中国最高政治元首，家世承袭，与西方之分党相争，其间亦各有利弊得失。断不能谓西方全是，中国全非，此则亦可明白断定者。

第六讲

一

我们在前面已讲过，汉儒所尚“通经致用”之经学，主要皆求运用于实际政治。而汉代政治在中国历史上，亦有其极伟大之成绩。但若就思想言，则在中国思想史上，汉代亦极少卓越出众之大思想家继续出现。后来清人研究汉学，专在书本上作校勘、训诂、考据工夫，既非汉儒经学，亦非汉代史学。他们固为读古人书开出了一些方便，但并未能明白讲出汉代学术之真精神、真意义。下至清末，康有为根据《公羊》传统，特别推重董仲舒之《春秋繁露》。实则董仲舒之主要思想，已见诸其《天人对策》中，而康氏并未能加以深透之发挥。同时章太炎站在印度佛家立场，特别看重东汉王充《论衡》。若我们依照西方眼光看，王充不失为一能怀疑、能批评的思想家，但在积极正面立场，实亦并无甚高价值，只在当时总算是表现了一新姿态。

二

今天我要约略讲一部将两汉学术思想开辟到另一新方向之书，此即刘卲之《人物志》。此书仅有两卷，十二篇。刘卲之时代虽已下至三国，但我想不妨姑引此书来作本讲演之结束。此书以前向少人注意，直至最近，始有人提及。我们一看其书名，即知此书是专讨论人物的。我在开始，即讲到中国文化传统特别注重于“人文主义”，因此也特别着重讲“人物”。如在《论语》中即曾批评到自尧、舜以下，直到孔子当时之各类人物。《孟子》书亦然。中国人一向重视对人物之批评，此乃中国思想一特点。

政治教化皆需要人。在汉代，政府用人必以士人为条件。读书为士，必以通经为条件。非读书通经为士，即不得从政。此在孔、孟当时，可谓仅存有此一理想。而到汉代，却已真在政治制度上实现了。“政教合一”，政治上之人物即是学术上之人物，此项制度，可谓是根据了经学中之最高理论而来。遂使中国成为一“士中心”之文化传统。但后来汉代衰乱，终至不可收拾。此中原因何在？岂不深值时人猛省？我们曾说过，在汉代开始时讲黄、老无为，但亦须有理想的适合人来推行，不是随便讲黄、老学的人都能胜任愉快。汉代为何到东汉末年，产生了黄巾、董卓之乱，终于三国分裂？不容得当时人不觉悟到，在政治上之失败，其理由即因于政治上用人之不够理想。

故退一步要从人物方面作研究，庶可希望在政治上能用到合理想、合条件之人。此亦可谓是一个反本穷源的想法。刘邵《人物志》即为根据此一时代要求而写出。

《人物志》“物”字是品类之义，将人来分成为许多品类，遂称之为“人物”。似乎西方人不大注意到这处。他们不言“人品”，常言“职业”或“知识”。如说：某人是一宗教家、或医生、或律师、或某专门学者，这些都从外面职业讲。中国人言圣贤，却重在从人之内面讲。此一态度，中、西显然不同。中国人向来看重人的道德、性情，如《论语》中讲“仁”、讲“孝”、讲“圣、贤”、讲“君子、小人”，此等皆是人品上道德上字眼。汉人最讲求道德，一般说来，实比战国时代进步多了。及汉代中央政府崩溃后，曹操却提出了一句新鲜口号，他说：“治天下，平时尚德行，有事尚功能。”他把“功能”看重在“德行”之上。若论曹孟德自己，就其政治道德论，实在太差了。然其人甚能干，正是“乱世之奸雄”。在此一风气下，更激起有思想者之郑重注意，于是方有刘邵《人物志》此书之出现。

三

孟子曾云：“穷则独善其身，达则兼善天下。”孔子亦曾说过：“道不行，乘桴浮于海。”或说：“用之则行，舍之则藏。”从个人立场讲，当世界陷于绝望时，只有退避一旁，采明哲保身之一途。但自另一方面讲，世道否塞，终需要物色人才来扭转此局面。刘卲写《人物志》，并非站在私人立场着想，而是站在大群立场、政府立场着想。他的意态是积极的，因此他衡评人物，一讲德性，一重才能，务求二者兼顾。换言之，衡评人物，不能不顾到其对当时人群所能贡献之功利一方面。若要顾到人群功利，即需讲才智。若无才智，如何能在此社会上为人群建立起功利？故刘卲《人物志》极重人之才智，但也并未放弃道德，而他书里也并未提及隐沦之一流，这是此书一特点。

人之才智何由来？刘卲以为人之才智乃来自自然，此即所谓人“性”。孟子亦是本才以论性。当三国时，“才性”问题成为一大家爱讨论的问题。因在东汉时，社会极重“名教”。当时选举孝廉，固是一种德行，但亦成了一种“名色”。当时人注重道德，教人定要作成这样名色的人，教人应立身于此名色上而再不动摇，如此则成为“名节”了。惟如此推演，德行转成从外面讲。人之道德，受德目之规定，从“性”讲成了“行”，渐渐昧失了道德之内在本原。现在世局大坏，人们觉得专讲儒家思想似乎已不够，于是时人又要将道家思想掺入，再回到讲自然，认为人之才能应是来自自然者。但一讲到自然，又会牵连讲到邹衍一派阴阳家之说。在先秦以前，各家思想本可分别来讲。但汉以下，各家思想已渐汇通，不能再如先秦般严格作分别，这亦是我们应该注意的。当时人把自然分成为金、木、水、火、土五行，于是人性亦分别属之于五行。即如近代命相之说，也仍把人分“金性”、“木性”等。当时人把儒家所讲仁、义、礼、智、信编配入五行，变成了“五性”。哪一性的人，其所长在何处，如“木性近仁”，“金性近义”等。直到宋代理学家们，也还作如此分别。

但刘卲《人物志》并不看重那些旧德目，他书中提出了许多新意见。他说人才大概可分为两等：一是“偏至之材”，此乃于一方面有专长者，如今称科学家、艺术家等，在刘卲说来，应都属此偏至之一类。第二是“兼材”，即其材不偏于一方面而能有兼长者。依近代人观念，其人若是一文学家，怎会又是一科学家？若定要同时兼长科学、文学，岂不甚难？然此等本属西方人分法，侧重职业与知识来分别人物。中国人则不如此看人，人品不以知识、职业作分别。今天的我们，都已接受了西方人说法，多将人分属于某项知识、某项职业之下，故对刘卲所提兼材一项，骤难了解。

我们试再就此讲下。刘卲在《人物志》中将人分成为十二“流”。中国人所谓“流品”，亦即是品类之义。此十二流乃依其人之性格言，人之“才”则皆自其“性”来。如有人喜讲法律，有人喜臧否人物，有人能文善辞，此皆所谓才性不同。刘卲所分十二类中之第一类，称为“清节家”。他说如吴季札、齐晏婴等是。因此类人禀此性，便只宜做此类事，即其才之专长亦在此。其第二类称“法家”。此非指先秦诸子中法家学派言，法家学派指的是一套思想，而刘卲所指则是某一类人之性格。如管仲、商鞅等，此一类人，性喜讲法律制度，因此其才亦于此方面见长。其第三类称为“术家”。如范蠡、张良等是。因于人性不同，而其所表现之才能亦不同。如管仲、商鞅，他们每能建立一套制度或法律，然若遇需要权术应变之处，即见他们之才短。

前三类皆是所谓偏至之材。但亦有兼材，即指其人不止在某一类事上有用，而其才可多方面使用者。刘卲言："如此之人，即具兼材之人，乃可谓之德。"依照刘卲如此说来，"德"自在"才"之上。但其所用"德"字之涵义，显与指仁、义、礼、智为德者有辨。刘卲又谓："若其人又能兼德，此种人则可谓之圣人。"故刘卲心中之"圣人"，应是一"全人"，即"全才"之人，至少应是一"多才"之人。刘氏主张在偏至之才之上，更应注重兼材，此种人始是有德。如曹操不可托以幼主，而诸葛孔明则可以幼主相托。此因诸葛孔明兼有清节之才，而曹操不能兼。若照我们普通说法，只说曹操无道德。若依刘氏讲法，即论其人有无此类之材，或说是否具有此一方面之性格。此乃刘卲思想之独特处。

刘卲又谓：若"兼德而至，谓之中庸。"刘卲此处所谓之"中庸"，亦不同于儒家所谓之中庸。刘卲之所谓中庸者，实是"兼备众才"，使人不能以一才目之，甚至不能以兼才目之。因此刘卲将人物分为三类，即"圣人"、"德行"与"偏材"。"中庸"则是圣人。下有"依似"，此乃勉强学之于人，而并非出自其人之本性者。此下又有"闲杂"与"无恒"。如其人今日如此，明日又不如此，便是闲杂、无恒。"依似"与"无恒"，皆不从其人之本性来，只是从外面强学，故有此弊。盖因东汉人重名教，人渐向外效慕，刘氏特加矫正。然刘氏仍将"德行"

置于“才智”之上。他的意见，德行应由内发，而仍必兼有才智。谓其本原乃出于人之天性，因此主张要“观人察质”。他意谓，要观察一个人，必注重观察其性格。此处“察质”之“质”字，其涵义犹不止是“性质”义，且兼有“体质”义。直至今日论人，犹有相骨、相面之说，此即观人之体质。其人或厚重、或轻薄、或谨慎、或粗疏，皆从其人之体质与性质来。此种意见，实亦流传迄今，仍为一般人所信奉，故我们对刘卲之说该加注意。

四

但观人察质更有一重要处。刘卲说，看人“必先察其平淡，而后求其聪明”。此两语实有深意。若论圣人，本即是一聪明人，目能视，耳能听，所视、所听又能深入玄微，这便是其人之“聪明”。又如同读一书，各人所得不同，此即其人之聪明不同。圣人便是聪明之尤者。但在看一人之聪明之外，更应察其性格之能“平淡”与否。此语中极涵深义。从前儒家多讲仁、义、礼、智、信，渐渐把美德讲成了名色。至刘卲时便不再讲此，却转移重点，来讲人之性格与其用处。人之性格与其用处之最高者，刘卲谓是“平淡”一格。此如一杯清水，乃是淡的。惟其是淡，始可随宜使其变化，或为咸、或为甜。人之成才而不能变，即成一偏至之材，其用即有限。故注意人才而求其有大用，则务先自其天性平淡处去察看。

所谓“平淡”，应可有两种讲法：一指其人之内心来讲，即其人之所好、所愿望。如人都喜欢在某一方面欲有所表现，此人即是不平淡。以其不平淡，因而亦只能依其所好、所想望，而成一偏至之材。又如人好走偏锋，急功近利，爱出锋头，此等皆是不平淡。大圣如孔子，始是一真平淡者。惟其平淡，故可大受，而当大任。如孔子之“毋意、毋必、毋固、毋我”，及其“无可、无不可”，此即孔子之平淡。刘卲说：“中庸之德，其质无名。”此即或人批评孔子所谓“博学而无所成名”。亦可说平淡即是不好名，不求人知。刘卲此番理论，正是针对东汉人风气，亦可谓其乃来自道家。如老子说：“名可名，非常名。”人若成为一个“名色”，其人亦即只可有一种用，不能再作他用。此即违背了刘卲所谓“中庸之德”。故刘卲意乃谓：“人之至者，须能变化无方，以达为节。”此所谓“达”，即是达成我们之所希望与其目标。我们之目标与希望，惟有其人性格到一平淡境界时，始可达到。盖平淡之人，始能不拘一格，因应变化，故能达成其任务。刘卲所用“平淡”二字，明是庄、老思想。但其用“中庸”二字，则自儒家来。刘卲将此儒、道二家思想配合而自创一新说，此在汉儒甚少见，故其书乃近先秦诸子。

五

以上讲圣人，乃承传统观念来。三国乃乱世，一般人又多喜欢讲“英雄”。曹操尝语刘备：“今天下英雄，惟使君与操耳。”

即时人尚英雄之证。据刘卲《人物志》意见:“英”乃指其人之“聪明”言,“雄”乃指其人之“胆力”言。如张良,柔弱似妇人女子,乃“英而不雄”。韩信则是“雄而不英”。然英才之人不能使用雄才,雄才之人亦不能使用英才。必其人聪明、胆力相兼,方可谓之“英雄”。若不得已而必须分别论之,则英才较雄才为高。然必兼英与雄者,始可用天下英雄之才,而得建成大业。

六

刘卲又从功利观点来讲人之德性,谓最可宝贵者,应在“爱”与“敬”两项。因凡人皆喜欢得他人之爱与敬,故此二者,乃人最高之道德性格。任何人能爱敬人,则能动获人心,道无不通,如此自然所遇无不顺利。故刘卲讲道德,主要乃兼功利观点讲。他说,如“仁”字,在单独讲时是好的,但合起来讲,则仁不如“明”。若其不明,而仅有仁,则成“无明”。此说实亦有理。故孔子讲“仁”,必加上一“智”字。后人太偏讲道德,失却孔子“仁智”兼重之义。仁、智必相兼,聪明与平淡二者亦必相兼,此皆刘卲论人物之重要点。

再说“平淡”二字。平者如置放任何一物,放平处便可安,放不平处则不易得安。淡则能放进任何物,而使其发生变化,不致拘缚在一定格上。总之,平淡性格可使人之潜在性能,获得更多之发现与成就。刘氏因此又说“学”虽可使人成“材”,

然成于此，即失于彼。此显然是道家义。刘氏又颇看不起“恕”字，彼意若其人自己心上有了毛病，则如何能“推己及人”？故说“学不入道”，又说“恕不周物”。这是他对儒家义之修正，亦可谓道人所未道。

七

刘卲《人物志》一书其中所涵思想，兼有儒、道、名、法诸家，把来会通，用以批评观察人物。依刘卲之理论，可把道德、仁义、才能、功利诸观点都会通了，用来物色人材以为世用。此种讲法，与宋、明儒所讲德性之学，只注重在个人内部之正心、诚意方面者，并不全相同。所惜是后人没有将刘卲此一套学问更向前推进。在刘卲思想本身，自然也有缺点。一是刘卲只注意观察人物，却不注意在各人之修养工夫上。二是刘卲所讲专注意在政治场合之实用上。他的眼光，已陷于一偏。这正可证明，刘卲还是两汉以来单注意政治实用一方面的思想传统，故我把他此书作我这演讲之结束。

我自己很喜爱刘卲此书，认为他提出“平淡”二字，其中即有甚深境界与工夫。在我年轻时读《人物志》，至“观人察质，必先察其平淡，而后求其聪明”一语，即深爱之，反覆玩诵不忍释。至今还时时玩味此语，弥感其意味无穷。故今天趁此机会，特地提出来介绍给诸位。

明清学术思想

第一讲

一

此次所讲是“明清思想”。历史分期是参差不齐的。若讲政治史或艺术史，明、清两代合适放在一起。若讲思想史，则明、清是两个时期。应该宋、明是一时期，清代又是一时期。上次我们讲至宋代，未讲明代，现在接讲明代思想。

明人思想可说是完全跟着宋人而来。我们将宋、明两代之思想主流，合称为“宋明理学”，近人又叫做“宋明新儒学”。清代一般学者皆称此时期为“宋学”，这是包括明代在内的。但现代人为何称它做“新儒学”？此一“新儒学”与原来“儒学”不同又在何处？我们可说，最重要之点，即新儒学深深受有佛学之影响。我们可约举其最大不同点：在唐以前，中国人看重读五经，宋以后才有编撰四书。四书本亦在古代，然而在以前，人们只读五经，国家考试也考五经。宋人开始提倡四书，于是明以后考试即以四书为主，四书之地位遂较五经更为重要，成为人人必读之书。自重五经转而为重四书，此中有一大问题。宋以前人常讲“周、孔”，宋以后人转讲“孔、孟”。我们可说，周、孔连讲，是政治的意义大于教育的意义。孔、孟合称，则教育的意义重于政治的意义。这犹如汉人讲“黄、老”，魏晋人转讲“老、庄”。前者重政治意味，而后者则重思想意味。

四书是《论语》、《孟子》添上《大学》、《中庸》，共四部书，朱子为《论》、《孟》作《集注》，《学》、《庸》作《章句》。朱子是宋学中“集大成”之中心人物。就儒学大义言，四书远较五经简要。四书中最简要之总提纲是《大学》，成为宋以后人人必读之第一部书。《大学》中有“三纲领”、“八条目”。三纲领是：“明明德，在亲民，在止于至善。”八条目是：“格物、致知、诚意、正心、修身、齐家、治国、平天下。”中国儒家学业，主要对象即在此。然即就《大学》本书此八条目讲，可见《大学》之最高理想在治国、平天下。我们可说，此乃秦以前儒家之共同思想都注意在社会人群的实际事业上，而宋以后人之主要问题似不在此。宋、明儒喜讲“天人合一”之学，要“存天理，去人欲”，最后进至“天人合一”之境界。若依现代西方哲学观点来讲，这是“宇宙论”和“人生论”之合一，而似乎脱离了人群实际事业，至少是放松了治国、平天下的大目标。宋、明人似乎只注重孟子“人皆可以为尧、舜”的一句话，讲求我们如何做圣人。因此我们可以说，先秦儒家是“淑世之学”，而宋、明人则是“自淑之学”。二者本属一贯，惟其精神侧重点有不同。故说“程、朱不是孔门之学”，此话必错。然若谓“程、朱即是孔门之学”，如此讲亦嫌粗略。

自宋迄明，个人观点逐步被看重。人人讲求如何做圣人，好像修、齐、治、平，也只是要做圣人。此即可证其受了佛家影响。佛家所讲在求如何成佛，宋人则转而讲如何做圣，所不同者，一是“出世”的，一是“在世”的而已。此等宋学精神与古代先秦之学之大不同处，晚明以下反宋学者，即已如此讲了。

二

现在接讲明儒之学。

自朱子提出四书《大学》中之三大纲领、八条目后，当时即有一反对朱子者出。大凡思想至一圆满成熟阶段，常会有此现象。当时反对朱子者为陆象山。今天讲明儒之学，从王阳明讲起。阳明推尊陆象山，犹似朱子之推尊二程。故讲宋、明理学者，每称“程朱、陆王”，认为是宋、明理学中两大派。简言之，又称“朱、陆异同”。将象山之学发挥至最高点者，为王阳明。普通谓阳明所讲，为“良知”之学。实际程、朱较看重人生知识方面，陆、王较看重人生行为方面。宋、明理学之中心问题，既是我们如何去做一圣人，其趋势必然力求简单。换言之，即修、齐、治、平皆做到，其人仍未必能是一圣人。圣人主要在“天人合一”，因此必要懂得“天理”，合乎“天理”。此“天理”即是宇宙人生中最高之理。程、朱一派重在此。但陆、王则谓格物穷理，近乎支离，圣人道理应是简易的，重行而不重知。知、行本是分不开的，不过我们仍不妨自其偏重处讲去。

阳明之学，首要注重其人生之实际经验。我们当自其生活实际经历来探求其学说，若仅从字句上探求，这已隔了一层，不得谓是王学之究竟处。故研究王学，首应看《阳明年谱》。这是阳明先生卒后，由其两个重要弟子所写。今天我们来讲阳明之学，亦应讲其学何所来。

讲阳明之学，须单刀直入，从其生平亲身经历来讲。阳明是浙江余姚人，出身世家。其父为状元，曾任吏部尚书。阳明幼年入塾读书，尝问塾师：“何谓第一等人？”师答以：“中状元为宰相是第一等人。”阳明不以为然，谓：“当以能做圣人方是第一等人。”此见阳明幼年志向已如此。阳明有多方面兴趣，喜军事，亦喜辞章，惟立志要做一圣人。

《大学》中有朱子所补《格物传》，谓：“是以《大学》始而教，必使学者即凡天下之物，莫不因其已知之理而益穷之，以求至乎其极。至于用力之久，而一旦豁然贯通。”朱子说“格物”可以“即凡天下之物而格”。阳明既有志做圣人，遂有志依朱子说法去格物。阳明在二十一岁时，与一友人依朱子《大学格物补传》所述来试格庭前竹子。格了七天，未有所得，而且病了。其实朱子言格物，乃贵“因其已知之理而益穷之”。今于庭前竹子非先有已知之理，何得凭空去格。故有志为圣人，纵有聪明精力，仍需有轨道方法。阳明既格竹子无成，乃又转而治辞章。不久，又转谈养生。他曾在浙江阳明洞中习静坐，要坐到心无一念。当时阳明在静坐中，已能预知外面有客来访。但他常有两念放不下，一是念他祖母，一是念他父亲。他以为此两念不去，则静坐养生工夫终不到家。但一天，阳明忽然明悟，此两念乃与生俱来，不可去。如真去此两念，即已不成了我。阳明乃决意放弃静坐，仍回家去。

此下再出做官，以忤权阉刘瑾，被贬至贵州龙场驿。为防刘瑾遣人行刺，于渡钱塘时，伪置衣履江畔以避。

龙场地方荒僻，居民多夷人，气候复多瘴疠，且又惧仇阉派人来行刺。阳明此时可说一切世念尽消，惟惧病、死而已。乃停石棺于屋，借以安静内心。可是他的从仆们却无此修养，终于都病倒了。阳明反要亲自煮粥服侍，又唱越地俚歌以娱之。此时阳明自思：倘使圣人今日来做我，如我处境，又应如何做法？思此甚久，忽一夜顿然澈悟，欢跃而起，从者皆惊。阳明当时心中深信，若圣人来处此境，也只得如此生活。于是遂发明了他以后的“良知”之学。

三

观上述，可知要研究阳明学，非自其实际生活入门，即不得其真血脉所在。

阳明三十八岁在贵阳，开始讲“知行合一”。此四字，即是讲“良知”，良知乃天所予。宋人认为做圣人要识“天理”，然天理应自何处寻？朱子以为应自“格物”来“穷理”。象山认此为支离，而谓“吾心即天理”。至阳明遂提出“良知”二字。谓天理即自吾心之良知出。阳明教人第一步应习静坐，静坐后可“自悟性体”。心究是什么？我们总应自知。今人多竞趋外，不见自心。静坐后可隔绝外物，直见己心，而到达一心平气和、通体舒畅之境界。自己要悟自己之性体，要“廓清心体，使纤翳不留”，如此真性始见，方能致良知。即如阳明在以前习静坐至纯无杂念时，而仍有一思亲之念，当知此一念，即是人之真性。儒、佛之不同处，亦于此见。

所谓“廓清心体”即是要将心中“人欲”一一涤荡、扫除，使更无染着、无偏倚。能如是，方可见“天理”。

可知阳明所讲之良知，实是一种心理学。近代西方心理学有两大发现：一是奥人佛洛伊特，讲精神分析与人之潜意识。一是俄人巴甫洛夫，讲制约反应。人心一切反应，皆可由外加以控制。共党之恐怖政策，正是利用人类心理之此一弱点。此近代西方两派心理学说，以中国语来说之，即是人心有“不自知”与“不自主”。“潜意识”是不自知，“制约反应”是不自主。此二者乃是近代西方心理学家于人生中所发现之两大秘密。然而中国儒、佛二家，如唐代之禅宗，与宋、明之理学，则早已超越此所讲，他们正在讲求如何“自知”、“自主”。人心能自知、自主，即是阳明先生所讲之“知行合一”。能达到知行合一境界，即可成圣人。

我们自生入社会后，此心每于不自知中作出不自主的事，此不得谓是“真我”。阳明之学，经过近代西方两大派新心理学之印证后，我们正可见其所讲之博大精深，而确自人生真实经验中悟来。今日因时间关系，暂讲至此处。

第二讲

一

阳明三十八岁时讲“知行合一”，以静坐清除杂念，作为悟入之功。到他四十三岁时，在南京见学者治学往往流入空虚脱落，遂又转教人“省察克治”。意谓每做一事，必当省察自我过失，此亦即是他所谓“搜捕盗贼”、“扫除廓清”之意。他认为人能修养到心中“无私可克”，才算到达人生最高境界。其实阳明此种修养工夫，与宋代理学家所讲依然甚相接近。宋人常讲“静存动察”、“存天理去人欲”、“变化气质”等，皆与阳明教法相通。

阳明自四十六岁后，替国家立了许多奇功伟绩，尤其是讨平宸濠之变一役，更是他一生最大功业。但不意朝中一辈谗臣，竟诬他意欲造反，险遭不测。此乃阳明自龙场驿以后之第二番折磨。只有动心忍性，在内心深处，又增长了无穷的契悟。于是在他五十岁后，便悟出“致良知”之教。

“致”，如把一件东西由这里送到那里。“致良知”，即是把自己良知传送到身外的对象去。例如儿子把自己的孝心用到父亲身上，这就是致良知了。阳明自谓在南京以前，尚有一点“乡愿”的意思，到现今才了解到自己的良知，真是决定一切是非的大本大原，更不须顾及外边的非议了。

但我们当知，阳明所称的良知，实非“现成良知”，而系从千死万难中得来。故我们要真了解阳明良知之学，便该从他的一生行为中来了解。

二

我们研求每一个思想家之思想，尤须注意其晚年。阳明只活到五十七岁，在他五十三岁时，他又从浙江去江西，临行前，曾与学生有过一段“天泉桥夜话”。这一夜，他向他的学生们说出了他有名的所谓“四句教”。又在阳明五十四岁时，在他《答顾东桥书》中提出所谓“拔本塞源论”。在他五十六岁时，又曾写过《大学问》一书以示门人。这均可算是阳明的晚年思想，其中尤以《拔本塞源论》这一番话为最重要。今先谈阳明的《拔本塞源论》。

孔、孟之教，本以《大学》所说的由修身、齐家，到治国、平天下，为人生最高理想。要能够做到治国、平天下，才能算是圣人之道行于天下。但事实上怎能每人都来治国、平天下？

治国、平天下必须要有机会，而这个机会又不是每人可得。以前孔、孟都未得到这机会，所以这个淑世、救世的理想，虽然可贵，可是却不易见之实行。

佛教跑入中国，人生理想改变，一般认为世间终是不可救，因此主张出世，每个人只救他自己便够。

到宋朝理学家出，他们的思想与佛教相反。他们反对出世，他们的人生理想就是要跑进社会，每个人要修养成为一圣人。他们认为纵使世间坏到不可收拾，也不会妨碍一个人成为圣人的。所以宋人说佛学家只是“自了汉”，而要讲一套“成己之学”，重心在要使每一个人都可成为一圣人。

明朝王阳明出，在他的《拔本塞源论》中，亦认为人生之理想，还是要在社会上做一个圣人。人在社会上做一圣人，有两种做法。

一种是治国平天下的圣人。如以功利思想来衡量一个人的价值，则其人能够治国、平天下，他便是圣人。也可说是“内圣外王”。但这种圣人，只能由少数人去做，其他的平民无法企及，阳明并不重视这一种。

另一种圣人，是不赖外在功利成就，而依内在德性修养而成的。这种圣人，阳明特别重视。他提出一句话：“圣人之心，必须以天地万物为一体。”这话有些近似佛家之“无我”。阳明认为“有我”则在情感上有所“私”，在知识上有所“蔽”。人之良知，必须做到天地万物一体之境界，才能无所私、蔽。

阳明又谓普通人之所谓“德性”，实可分为“德”与“能”

两面。他认为人之良知相同，但才能不必相同。他还在此文中举出尧、舜时代为例：如禹治水，他可说是一个水利工程师，亦即是一个科学家。后稷教稼，亦可说是一农业家。契相当于今日之教育部长。夔治音乐，是一艺术家。皋陶是一法律家。他们的才能各有所长，各有所偏，须要他们能工作在一起，才能治国、平天下。他们各人都没有私、蔽，同心一德，和衷共济。这种结果，必能打破功利思想而始有。如果以功利思想来看，则官阶最高的那一个才是第一等人，其他人只能依其官阶而递减。这因功利主义看人，乃依其人外面成就之效果大小而来决定其价值之高下。但阳明认为这种思想要不得，他认为人之“能”有大小，“位”有高下，但“德”却是一样的。例如在军事上，大将军的能与位都是高过小兵，但在德上，却可以是一样的，因为大家的心都是为国效忠。又如奏乐队，各人所奏的乐器不同，但他们各人心中都是为一个曲子而奏的。又如下象棋，每只棋子的能、位都不相同，车是纵横走的，马是斜走的……但每只棋子都要为保护那帅棋而存在。诸如此类的例，不胜枚举。但归结来说，虽然各有才能，但大家如只是一个精神、一个心，始能成就功业。因此“德”比“能”更重要。

三

教育的主要功能，便在每个人自己的德性上，使他自己有一分自觉。社会愈进步，分工愈细密。近人都说分工合作。整个工作好像一具大机器，每个人只是此大机器中一螺丝钉，人的个性便被汩没，失去了自由。这是有绝大弊病的。照阳明思想来说，该把“分工合作”改为“分工合德”。各人在社会上，可依其各自才能之不同，而作出各种不同之分工，但大家的道德是一致为公的。这也就是阳明提出的那一个与生俱来的，以天地万物为一体的“良知”。因此他不主张以“功利”为教，而倡导以“德性”为教。他在《拔本塞源论》这篇文章中，所提及的史实，虽未必尽真，但最可贵的，在他能以良知真理来描绘出一个理想的“乌托邦”。论其远源，颇与古代《小戴礼记·礼运篇》相近，但《礼运篇》只空悬一个理想，而《拔本塞源论》，却从人类心性上出发，从教育上下手，逐步推进，《礼运》的理想社会，始有实际几及之可能。近代西方人很看重经济的分工，但于“合德”一点，却没有注意到。我认为阳明的《拔本塞源论》可归纳为四点来说明：

一、讲良知之学，每易侧重在个人方面，而此篇所论则扩大及于人类之全体。

二、讲良知之学，每易侧重在内心方面，而此篇所论则扩大及于人生一切知识、才能与事业。

三、讲良知之学，每易侧重在人与人之相同处，而此篇所论则同时涉及人与人之相异处。

四、讲良知之学，每易侧重在伦理问题的一部分，而此篇所论则同时是涉及政治、经济、社会的一切问题上。

这虽然是一篇数百年前的文章，但对今日的社会改造仍然极适用。古今中外讲社会思想的学者很多，但能够像阳明这篇文章由道德讲到事业，由个人讲到大群，而又能讲得这样精辟透澈的，实在并不多见。我最初十分佩服这篇文章，但在十年前又觉到朱子的《中庸章句序》，已发挥有此类意见，不过发挥得不及阳明那么详尽。由此可见，这类思想在中国很早以前便有，其后学者一步步发挥，到了阳明才到了最高点。我们看了这篇文章，再读孔、孟以下诸儒著作，便可发现这思想是一线直下的。

四

其次我想谈谈王氏的“四句教”。这是讨论哲学思想问题的。所谓“四句教”是：“无善无恶心之体，有善有恶意之动，知善知恶是良知，为善去恶是格物。”这意思是说：当一个人静的时候，心中完全如空白般，一点东西也没有，所以说心之体无善无恶。但一与他人接触，例如偶听见敲门声，心中便动出一意念，人心中一有意念，便有所谓善恶了。一个人的意念动了之后，他的心是能够判别善恶的，这就是他的良知。他能依循良知做好的，不做坏的，这就叫做格物。这“四句教”是由阳明的大弟子钱绪山提出，他认为阳明之学说主要尽在此四句。但阳明另一大弟子王龙溪认为不对，他认为“心”、“意”、“知”、“物”四者，均是“无善无恶”的。阳明听了，对他们说：“你们两人所说，乃各得我之一偏。中上之智的人，可依龙溪的话去修养。中下之智的人，则当依绪山的话循序渐进做去。”阳明最后对其他学生们说：“你们此后当依我这四句话去教人。”

后人对阳明“四句教”引起很多争论，有认为“四句教”的第一句“无善无恶心之体”当改为“至善无恶心之体”才对。其实这种改法也是多余的，因“无善无恶”就是“至善”的意思。比方说，人的眼睛没有任何东西遮蔽的时候，就是他能看东西极清明的时候，因此人之心体在“无善无恶”的时候，也就是他能识别“至善”的时候。

五

可惜阳明早死，他的《拔本塞源论》与“四句教”均未及详细发挥，因此引起很多后学的人误解和争论。我认为研究阳明之学，首当注意他的生活，因此第一步应当先读他的《年谱》。其次我们当由他的文章来看他的思想。《传习录》一书，向来治王学者尽人皆读。但《传习录》中对于四书、五经等古典籍很多征引，一般人看起来仍是不方便。我觉得阳明之教不是专为少数有学问的人来讲的，而是为大多数的一般人来讲的，因此我曾经把《传习录》一书做一节要，把其征引古籍的地方尽量省去，把一般人易看易懂的归纳为数十条，与《大学问节本》合刊，这是为求王学普及起见而作的。最后，我们研究阳明之学，不当忽略他的学问之流变及影响，因为我们可以由他的流变和影响反过来了解王学的本身。正如我们可以由孟子、朱子、阳明等人的学问，来了解孔子一样。因此浙中、江右、泰州……诸大支派的文字，我们也当细细研读。

第三讲

一

我今天的讲题是“晚明诸儒”。上次讲的是王学。王学流衍有三大派：一浙中，阳明之本乡。一江右，即今江西阳明做官最久处。一泰州。浙中派有阳明两大弟子钱绪山与王龙溪，讲“即知即行”、“事上磨炼”，然此讲法亦有流弊。江西学派讲“静坐”，求发现“自我性体”，比较近于早期之阳明学。泰州学派王心斋，读书不多，极似禅宗之六祖，将阳明“良知学”推广成为社会大众之学，愚夫俗子，不识一字，皆可做圣人。如此则满街皆是圣人，泰州学派于此处讲得最彻底。良知之学日久生弊，成为“伪良知”，不再有一客观之标准。进言之，实即“狂禅”，他人无法批评。此后东林学派较为谨严，复讲朱子。不久明亡，学术思想受此大刺激，乃有急剧之变动。

二

今日所要讲者，即是明末诸儒。儒学在中国，大家皆讲孔子，似无歧异，然儒风则各时代均有不同。倘使我们要选择一最合我们标准者，换言之，即我们今天最应注意的那一时期，我想应是晚明。我个人对这一时期的儒风最为向往和崇拜。前人多称美东汉，即如汉末三国时之管宁、田畴、诸葛亮、徐庶等，皆是了不起人物。实际上，儒家之风范与其学术，因时而异。汉与唐不同，北宋又与南宋不同。阳明之学固然有其流弊，但亦确有其贡献。经东林学派再讲朱子后，下及明亡，中国儒学仍极盛。若有人问：儒学方盛，何以会亡国？此问题不能以一个理由来作答。犹如古希腊有苏格拉底、柏拉图、亚里士多德等大哲学家，仍不免于灭亡。历史须多方面讲方可。明亡后，学者说历亡国之痛，无路可走，但绝处逢生，遂产生极伟之学术。今日我们则尚未有若晚明亡国之惨况。

明末读书人首先反抗清兵，参加复兴运动。儒生中年轻者，多投入此一运动中，反抗可分两种：一是积极参加复兴运动。一是消极不屈服，如殉节自杀者，各地皆有。若收集统计之，可谓是文化上一绝大惊人的反抗运动。反抗失败，绝不屈服，多从容就义。第三种是与满清政权不合作。此一运动，直延着清初一段长时期，此即晚明诸儒。或以砥砺气节表示，或痛定思痛，自我深加反省，何以会亡国？何以有今日？作一上溯历史之反省，结果造成新学术。因此讲晚明学风，可说是从“讲学”转到“著述”之时代。

宋、明儒主要在“讲学”，无规定书本、无客观程度，犹如基督教堂中之说教，不过当时所讲是“为圣为贤”之学。今人多误用此二字，一切大学教育均称讲学，与原始讲学实不同。讲学实亦有其流弊，如王学末流即是。清人入主，严禁公开讲学，晚明、清初诸儒乃自讲学转而为“杜门著述”，此是一新风气。而彼等又是以隐沦兼经纶。在中国历史上，天下大乱时，学者多遁隐，如严光、管宁、陈抟、林逋等皆是，此皆近于庄、老一派。管宁是儒者，不得言其为庄、老，然其行迹则同。晚明学者，其人虽隐沦不出，但仍在讲治国、平天下，讲经纶世业，其学却极端积极，此乃晚明儒之特别处。而此许多人又有一特点，即均获跻长寿。如孙夏峰卒年逾九十；黄梨洲寿至八十六，八十四岁时方写《明儒学案序》。我曾谓晚明诸儒乃“各以坚贞济耆寿，共凭笃实见光辉”。三国末年时人如王弼、何晏皆短命。盖当时读书人目睹时艰，多感伤消极，以致如此。明末诸儒则不然，意态积极，为学笃实。清人入主后，此批学者不可能再于治平之业上发扬其光辉。然自另一面言，凭其笃实之学，可特见其人之光辉。明末诸儒因对历史作一大反省，故其学博大精深。此点可自彼等之心情探求之。

三

若要讲明末诸儒之生活，则均极清苦。确是艰贞刻励，蔚为时风。故晚明儒者最值得我们之崇拜。顾亭林先生讲学问，举出八字：做人要“行己有耻”，国已亡，不再是各人专讲求如何做圣人的时代了，做人能知耻即已足。另方面要“博学于文”，因彼等当时所讲者是一绝大问题，要研究中国何以有今日？此问题应自各方面来讲。我现将顾氏此八字再加上两句作成一联，云：“行己有耻，践履以圣贤立的；博学于文，讲论以平治为心。”这可谓是晚明诸儒之共同学风。宋、明讲学有一缺点，即太重在讲自己如何去做一圣人。现在要转重在治国、平天下，但行己有耻之目的，亦并未放弃要做一圣人。

另一学者颜习斋，他说他常要访求“忠孝恬淡之君子，豪迈英爽之俊杰”。忠孝之人必然要走进此世界，不会去隐沦的。但现值亡国之时，虽是满腔热血，却不许你进取，对此世界只能缩手，站在一旁。故忠孝又要能恬淡，同时又要兼为一豪迈英爽之俊杰。如东汉末年之田畴、士燮、诸葛亮、徐庶等，应可称俊杰。有一部分儒家于道德上、思想上皆极伟大、极高明，然只是一介书生，即程、朱二夫子恐亦不出此。另一部分儒家如同王荆公、司马温公，皆怀治世之才，在大群社会中有业绩表现。而明末则是亡国乱世，因此要有豪迈英爽的风度，亦如三国诸俊杰般，始能站定、能迈步。我们惟有读晚明历史后，方能知当时诸儒之伟大。此即中国文化之伟大，亦见中国民族之耐力深厚。今日固然时代已变，但不一定较晚明时更坏。当时政权虽由异族掌握，然而在文化上，满人不得不屈服，中国人终于再站起来。此皆有赖于晚明诸儒此种忠孝恬淡与豪迈英爽之伟大风度。

晚明诸儒皆坚决不与清廷合作，不肯出仕。在中国历史上，读书人出身仕宦，亦可谓是中国文化中一伟大节目。西方历史上，无此意想，无此制度。中国读书人因科举后得官禄，亦连带解决了自己生活问题。明末诸儒不参加科举，不出仕，又如何解决生活呢？约略言之，有下列数途：

一入寺为僧，如方密之等是。

一借行医过活，如傅青主、吕留良等是。

一务农为生，如孙奇逢号夏峰是。夏峰是河北容城人，尝办团练，自守御寇。清人入关，尽圈其地，乃举家南迁，躬耕于夏峰山，时已九十余，远近士子竞来学。

一为教读，如张履祥是。

吕留良除行医外，复致力于批点八股文，此亦可济生业。惟吕留良于批点中讲朱子之学，渗入民族思想。雍正时，湖南曾静得其书，深悟民族大义，遣其弟子至浙访谒。时晚村已卒，曾静乃遣人策动岳锺琪，以武穆后反清。锺琪上告，清廷因此大兴文字狱。吕晚村至开棺戮尸。吕晚村生前家况较宽裕，曾延张履祥在家授读，张氏亦通农事。

其无所事事者，遂成苦隐，如陕西李颙号二曲是。二曲未生时，父应军役，远至湖北剿流寇。临行时，惟拔二齿遗其妻作纪念。二曲讲阳明之学，卒成大儒。但生活极苦，人以其面常带菜色，皆呼之为“李菜”。只身至湖北求其父尸，不得。东林书院特延之赴江苏讲学。后清廷置“博学鸿词”科，求以笼络大儒，屡征二曲，以病坚辞。清廷命疆吏强舁至西安，二曲不屈，自杀以明志，终获放还。二曲自言为名所误，深自痛悔。乃穿土为室，入居二十年，不出土室一步。拒见任何来客，惟顾亭林先生过访，始延下土室畅叙。二曲先生乃以其艰苦卓绝之修养动人，此种行径虽与孔、孟不同，然可称大圣大贤而无愧。二曲先生有《四书反身录》。惟读其《年谱》，尤令人心仪。二曲先生实为晚明之伟大人物。

北宋有张横渠，明末有李二曲，时人称为“关学”。关学下传至清末，师承不辍。我在对日抗战时，撰写《清儒学案》，曾收集有几十种关学之书，现当犹存于四川省立图书馆。

现再讲到黄宗羲，号梨洲，父尊素，乃东林名士，为魏阉所害。梨洲入京申冤，欲刺阉竖，名动一时。清兵南下，梨洲尝纠集子弟数百人起兵。并曾东渡日本乞师。明亡后，居家著述。后清廷诏征博学鸿儒，辞不就。未几，开明史馆，朝臣荐梨洲，亦拒之。然因国史大业，乃命其弟子万季野赴京。季野于名刺上大书“布衣”二字，以示不仕清廷之决心。

顾亭林先生，江苏昆山人。嗣母王氏，未婚守节，以亭林为嗣，曾受朝廷旌表。明亡，清兵至，顾母绝食死节，遗嘱亭林不得事二姓，故亭林终身不仕清。顾氏为江东巨室，亭林外游时，其家奴私售物业予乡豪。亭林归，擒奴杀之，因入狱。时亭林与同里归庄交游，有“归奇顾怪”之称。及亭林事急，归庄极力营救，求援于钱牧斋。牧斋欲亭林投门生帖，归庄私书刺予之。亭林闻知大愤，揭帖申辩。牧斋语人：“何宁人之下也！”事息后，遍游北方诸省。旅途中常随二车，满载图籍。详考各地山川形势，人情风俗。其二甥徐乾学、元文兄弟，仕清为显宦，亭林不屑与交往。某次在京，徐氏兄弟尝延亭林夜饮，亭林怒曰“惟纳贿与淫奔，始于夜间行之”，不顾而去。其操持清介如是。亭林又请赐刀绳，坚拒博学鸿词之召。

湖南人王夫之，号船山，父为盗所执，船山求以身代，乃得脱。著述甚丰，洪、杨乱时，曾国藩弟兄始代为刊行。船山隐于南岳衡山方广寺，其地荒僻，人迹罕至。

我们讲晚明诸儒，首应了解彼等之生活。当自其生活经历，来探知其情感、意志之所寄。

晚明诸儒正式从事做学问，皆是三十岁以后事。清兵入关时，彼等正年轻，多从事反抗工作。亡国后，惟有死路一条，然坚苦卓绝，终不屈服，开始埋头做学问，冀于学术上另辟天地，重待来日之光明。

四

清初人称孙夏峰、李二曲、黄梨洲，为明末三大儒。盖当时阳明学派仍盛，此三人乃上承阳明之学者。清末革命运动勃兴，时人称晚明三大儒则为顾亭林、黄梨洲与王船山。清末《国粹学报》宣扬晚明诸儒，对清末革命有大贡献。辛亥革命，实非完全受外人影响，且当时人对西方情形，并不十分了解。清末中国读书人之参加革命，可谓其大部分乃靠晚明此一段可歌可泣的历史之感召。“五四”以后，谈晚明诸儒者始渐少。

我们讲儒学，当将“学术”、“人格”与“时代”三者联系一起讲。明亡时，诸儒之悲痛心情，以及彼等之生活实况，我们今日实应效法。读晚明诸儒之信札、年谱或文章，可予人极大鼓励。故讲中国儒家，晚明诸儒甚不当忽。

第四讲

一

今天我们仍接讲顾亭林先生。他曾在山东章邱长白山，与山西雁门两地分别派人去垦荒。有人说山西票号创自顾氏，惜无详史讲此。他后来欲卜居陕西华阴，当时华阴是西北交通孔道，居此可知天下事。亭林晚年实仍有一待天下变即准备起事之心。

清初诸儒除前述隐遁者外，复有游幕者。此辈在隐仕之间，但心不忘故国，仍可说是避世不出之学者。

徐乾学编修《一统志》，无锡顾祖禹即游其幕。祖禹写有一部最伟大之《读史方舆纪要》，其书专考述中国之军事地理。凡一村、一店、一溪、一山，皆详记之，即今日最详细之地图，亦绝无此书之详细。此书极重要，骤读，每不知其用意所在。因中国人通常有一理论："北人征南易，而南人克北难。"祖禹此书有一重要点，即启示于任何一地，皆可起而革命。其成败关键在用兵进取之方，与起事之地域无关。此书最大用意，即是作为将来起义者之参考。顾氏著书实际上之目的应在此。三藩乱时，顾氏曾在耿精忠军中，欲有所作为。失败后，方废然返家。其参加《一统志》局，亦为便利自己著书。

顾氏《读史方舆纪要》一书，直至道光年间始刊行。在此以前，每一钞本需白银四十两，无锡人多有靠誊写此书为活者。我在民国二十四年间，获见有《读史方舆纪要》顾祖禹之手稿本，发现今刊本多将忌讳处删去。今此稿尚在上海，惜未见刊行。抗战前日人甚重此书，战时行军，时师其意。当时在华北之国军，只知沿平汉铁路布防。日兵自天津经涿州，径抄中国军队之后方。又国军沿京沪线屯驻，日兵由杭州经广德，转扑芜湖，迂回叩南京。此等路线，《读史方舆纪要》中，皆详载之。可见时代虽异，战争地理形势仍无大变。吾人据此数点来讲，可知明末清初学者之伟大处。

二

上面所讲，为晚明诸儒生活志节之一方面。现再讲第二部分，即彼等之为学。晚明三大儒，清初指称孙夏峰、李二曲、黄梨洲三人，因此三人皆讲阳明之学。清末时人改以顾亭林、王船山、黄梨洲为晚明三大儒，因此三人在学术上皆曾有极大贡献。

其中黄梨洲一人，始终被认为是三大儒之一，故现先讲黄梨洲。黄氏最负盛名之著作，即是《明儒学案》。是书之序作于其八十四岁时，已老病不能书，口授其子写之。观其序，可见梨洲晚年为学宗旨。其文曰："盈天地皆心也。变化不测，不能不万殊。心无本体，工夫所至，即其本体。故穷理者，穷此心之万殊，非穷万物之万殊也。"宋明陆王之学，最重要是讲吾人之"心"，程、朱亦言"心要在腔子内"。今梨洲转言"心即在天地间"。如此，则将心转放到外面去。本来一桌、一椅、一房、一室，其中皆有人之心在。人心可参天地，天地中，莫非有人心之表现。故天地变化不测，此心亦遂而万殊。此其一。从来言心都喜言"心体"，梨洲转言"工夫即本体"。梨洲此序，可谓已是朱、王合参。朱子主"即物穷理"，如讲政治、经济，或讲科学、文学，人心各殊，所讲学术亦万异。如此讲心，讲到外面天地万事万物方面去，也即是在"变"与"殊"上讲此心。此项工夫，亦非宋、明儒静坐工夫，而是种种学问、事业皆已包括在此工夫中。如此讲法，可接阳明《拔本塞源论》，然却不同。即观上引数语，可知当时做学问路子已变。

黄氏又云："读书不多，无以证斯理之变化。多而不求于心，则为俗学。"自宋人以下讲格物穷理，"心即理"、"性即理"，此"理"乃指最后一个最高之理言。现在看理有变化，今日之理可与昨日之理不同，此处之理可与彼处之理不同。如此穷理必须读书，读书不多，无以证斯理之变化。于是遂走上求知、多读书之路。但读书仍要返求于心，否则即是俗学，此仍是一旧传统。梨洲讲为学应多读书，但如何读法？彼又举出二点：一是“穷经”，经学为吾人为学之本源，可是经学立吾人之体，不一定合吾人之用。故黄氏又讲另一点，即要“读史”。“心性”之学，是在讲堂上讲如何做一个圣人，大家皆可讲。现在是要走进书斋，实实在在去读书。宋、明讲学风气，至此可谓断矣。梨洲上承阳明，然能变化王学，不再墨守。

梨洲另有一部《明夷待访录》，清代列为禁书，清末又再刊行，人争购阅。“明夷”为《周易》箕子之卦。商亡，箕子逃朝鲜，周武王尝召之，谘以治平之道。黄氏表示，自己身为亡国之民，所以著述，盖备他日复兴者之用。首三篇为《原君》、《原臣》、《原法》，讲为什么国家要有君、臣、法。此乃政治学上之大问题，是一政治上最高原理之发挥。《置相篇》讲将来中国政府之政制组织，主张中央政府组织仍应有宰相。《学校篇》讲清议应在学校。《取士篇》讲选举制度。《建都》、《方镇》二篇，论国家如何进取与防御。此外尚有《田制》、《兵制》、《财计》诸篇，皆属政治上几个主要项目。其首三篇最为人注意。西方卢梭《民约论》中所讲之理论，中国人自孔、孟以下，早多讲及，梨洲此书讲得尤极透澈。立君之意是为天下，天下非一人可治，亦非一君所私有。清末人受《明夷待访录》影响甚大。梨洲讲穷经、读史、政治、建国诸方面，题目大，理论高，确是能见其大者。

三

次讲顾亭林先生。亭林为江苏人，梨洲为浙江人。浙人有阳明传统，讲理学。江苏有东林学派，转讲经济。顾氏尝云，“舍多学而识，以求一贯之方；置四海之困穷不言，而终日讲危微精一之说”，此二语可谓是当时提倡新学风之二大标语。孔子云“吾道一以贯之”，宋、明人讲学多偏重在此。然非“多学而识”，何从来求“一贯”？宋、明儒讲心学，喜引《尚书》之“人心惟危，道心惟微；惟精惟一，允执厥中”四句。清兵入关，正所谓“四海困穷”之时，不能再成日求自己如何做圣人，该讲求将天下如何安顿。由此二语，正可见其时学风之变。亭林又云：“有亡国，有亡天下。”易姓改号谓之“亡国”，“亡天下”是将一切做人道理忘了。保国必先保天下，保天下，匹夫之贱，皆有其责。此即所谓“天下兴亡，匹夫有责”。三百年来，此语已为每一中国人所熟知。

宋、明儒皆讲如何做圣人。此一风气，乃自佛教转来。佛教讲求使人如何出世做佛。宋、明儒教人如何入世做圣人，且此圣人须大家来做。一个端茶童子于端茶时，能目不旁视，克尽职责，此即是一圣人。因若使孔子来做，亦不过如此。此等话固不差，然宗教意味太重，且教人不读书。明亡后，不能再关门大谈做圣人，而要看如何处天下事。此时若再不读书，仅讲做圣人，是为无本之人讲空虚之学，其去圣人也必益远。顾氏主张，乃是将宋学所讲翻过来了。

亭林在年轻时，作有《天下郡国利病书》。研究当时各地利病所在，此书在历史上价值当极高。书中对晚明全国各地利病，皆加论述。如江苏讲太湖水利，云南讲开矿问题，陕西讲驿站问题等。犹如我等今日在香港，亦应知香港重大问题何在。读顾氏此书，可知“多学而识”之义。每至一地，即知一地民生之利病。每读一书，即知此书对当时社会有何影响。自此处，吾人可看出当时学风，已与程朱、陆王时迥然不同。

亭林先生之次一巨著是《日知录》。书题含意，即为吾人每日应知自己之所不知者。此书分为“经术”、“治道”、“博闻”三部分。“经术”即梨洲所主张之“穷经”，“治道”即梨洲主张之“读史”，“博闻”是其他各方面知识。此书是一条条笔记，在讲做学问之方法门径，及探讨晚明亡国之原因方面，其价值皆极伟大。《日知录》亦如《明夷待访录》，皆作备他日兴王之用。

顾氏另有一部《音学五书》。亭林尝自言：“君子之为学，以明道也，以救世也。”故其为学讲经术、讲治道。但顾氏为何晚年写成此书？彼自云：“尝历三十年，稿凡五易，手书三次方成。”亭林对此书极自满意，此书对后世影响亦大。盖此书考证出以前周、汉、隋、唐人之古音。此种考据之学，可考知二千年前人之口音，真是奇怪，匪夷所思，可谓是极合科学方法的。如此一来，以后遂群相走上此路，成为清代之“考据学”。人尝问亭林：“别后《日知录》又成几卷？”亭林覆云：“反复寻究，一年中只得十余条而已。”可见其著书之认真与专精。

第五讲

一

今天续讲王船山先生。倘使我们以顾亭林为经学家，黄梨洲为史学家，则王船山应是一哲学家。因他的主要贡献在思想方面。但一世瞑然，直至清末，始渐为人知。船山曾作《正蒙注》，彼之思想，主要乃自张横渠来。我读过他的《全书》，想为他做一篇思想的年谱，惟因找不出他注《正蒙》的年代，后遂搁置。我认为船山之思想中心，主要由《正蒙》来。

宋人讲理学有二大纲：一“理气”，一“心性”。朱子虽二者皆讲，但他实际是上承二程，故所讲亦重在心性。且程、朱讲“性即理”，转过来说，亦可说“理即性”。因此讲理气仍当归重于心性。中国人讲人生最高境界为“天人合一”，此一境界，若自心性讲，每一人各自可以尽性知天做成一圣人。此种讲法，甚富宗教意味。若讲理气，“气”不是个人的问题，应是时代的、社会的、世界的，乃及宇宙的。由此来讲天人合一，途径自会不同。横渠《正蒙》，心性比较少于讲理气。换言之，他所讲宇宙论较多于人生论。因此横渠实非宋学之正统。二程在当时，对横渠亦非十分相契。陆、王专讲心性，更不用说。直到船山，始是讲理气多，讲心性少，故其思想系统显然遥接横渠。当然可说人同此心，心同此理。此种讲法，仍是偏于个人。开始若即讲理、气，则自会偏重到大群。因心性在内，理气在外。孟子亦兼讲心与气，然亦是偏重在心。如要在人生问题上讲气，如"风气"、"气运"，此等皆不关于个人，而是属于一个时代的，偏向在外了。自此点言，船山不似程、朱，更不似陆、王。船山因多讲理气，便多讲治国、平天下。重在向外一边，而较少讲到个人如何作圣之一途。我们又可说，从气中去求理，是属于静的一面的。从理上来论气，则属于动的方面多了。船山思想与宋、明儒学大统相异，此是第一点。

第二点，宋儒经程朱、陆王，而偏重在讲四书。船山当然也讲四书，却很看重讲五经。先秦儒家经典，只有二书多讲气与宇宙，一是《周易》，另一是《中庸》。偏重在讲气，乃是走《周易》、《中庸》的道路。横渠年轻时尝谒范仲淹，仲淹命归读《中庸》。《中庸》为《小戴礼记》中之一篇，故横渠喜讲《易》与《礼》。亦可谓横渠是爱讲气与礼的。程朱、陆王可谓是喜讲孔、孟之"仁"。仁、义在内，属个人方面者多。礼、气在外，属社会大群者多。因此自横渠至船山，亦可谓是宋、明理学中偏重向外一条路的。船山所讲，亦可说是重礼过于重仁。此是船山思想与宋、明儒学大统相异之第二点。

船山有《读通鉴论》，在清末成为人人都读的一部书。此书中评论历史之侧重点，亦与《日知录》、《明夷待访录》不同。船山喜讲“时代风气”、“时代人心”。此两者相互为因果。人心可以造成风气，风气可以影响人心，如此讲历史，较之偏重讲制度与经济等不同。《读通鉴论》后又别附《宋论》，船山在此书中特别表示出他之民族观念。北宋亡于金，明亡于清。清为金后，故《宋论》中特重民族思想，亦以反映他自己的时代。船山由人心来讲历史，主要亦非由个人来讲，而是着眼在从一个时代来讲，仍是偏向在外的。

船山因注重讲历史，因此他主张自事中来辨理。历史上的“事”，即犹宇宙之“气”。中国人所讲“气”字，其内涵意义本包括甚广。要之，是落实来讲的。程、朱讲“性即理”，陆、王讲“心即理”，双方所重皆在求此“理”。此理则为宇宙间最高之理，此理应是超乎“事”之外，出乎“气”之上者。明此理后，始可做圣人。现在船山所讲之理，则为自气中求理，事上求理。每一事中皆有理，每一时代亦莫不各有理。明代何以终于亡国？在此事后，必有一理存在。若求得此理，此下应如何做法，自有一着落。“器”是形而下者，但“形而上之道”即在此“形而下之器”之中。做事中即有理，理必见于事，不当超乎一切事之外去悬空求此理。讲理应自一切事中讲。朱子讲“格物穷理”，他主张“即凡天下之物，莫不因其已知之理而益穷之，以求至乎其极”。现在转了路向，要从历史事变中来求理。此理虽不变，而在气之内讲理，在历史之治乱兴亡种种大事变上来讲理，则此理便见为是变的、动的，这即是史学了。故经学求“常”，而史学求“变”。船山之《读通鉴论》所以在宋、明儒学大统内，便成为一新趋了。

船山著述甚丰，讲《易》有《周易外传》，讲《诗》有《诗广传》，讲《书》有《尚书引义》，又有《礼记章句》。宋学程、朱、陆、王，莫不专侧重在四书中，讲几个特出的字。船山思想则落实了，扩大了，故转而讲《诗》、《书》，讲《周易》，讲《礼记》，又转回头来注重讲五经。后人可以说“六经皆史”，却无法说“四书皆史”。此处可见船山讲学与宋儒路向之不同。横渠在北宋时，此种趋向尚不易见其特殊性。及船山出，而其特殊性方见。

船山既主在气内求理，在事上求理，而不喜多讲超乎事外者。因此船山讲心性，亦从事上讲，从历史上之治乱兴亡大节目处来讲。如此讲历史，便是讲的世道与人心。讲人心之主要在讲世道，却不再在讲每一人各自去做圣人。

船山思想之另一特点是他又兼讲庄、老、释家，因庄、老亦讲宇宙论，亦偏重在讲气。佛家亦多讲宇宙，多讲外面的。船山虽是儒家传统，然其所讲，既转而向外，故其书中往往参有道、佛二家之说，其思想系统可说极广大。《大学》八条目，宋、明儒喜讲“格、致、诚、正”，晚明则转而讲“修、齐、治、平”，向外落实，不悬空偏在理上，而注意落实到事上。此处可谓是晚明三大儒之共同点。可知当时学风，其实都已变了。

二

现要自晚明诸儒中，另举出颜、李学派来稍讲其大意。

颜习斋自其年世言，应比前述三儒稍迟，但亦并非太晚。习斋乃河北博野人。其父为朱姓养子，后受虐待，愤而随清兵逃至关外，其母遂改嫁。习斋长于朱家，事其祖父母至孝。祖父卒后，方复颜姓。习斋是一生长在农村中的人，其后乃成大儒。读其《年谱》，其感人处可比李二曲。习斋与其弟子李恕谷二人，后人称为“颜、李学派”。此学派只有此师弟子两人为生，其学不再传。民国“五四”以后，许多人喜讲颜、李，一时成为时髦之学。盖颜氏极端反宋儒，不仅反陆、王，且反程、朱。习斋自云：“必破一分程、朱，始入一分孔、孟。”他认为孔、孟与程、朱，乃判然两途。此可谓自来无一人敢如此讲。习斋云：“若画二图，一为孔子之讲堂，一为程子之讲堂。前者壁间置弓、矢、乐器等，各生或读《诗》、《书》，或讨论礼、乐，或奏琴，或操弓，所习不同。后者案上仅置书数本，各生惟闭目静坐而已。”此话所论固甚当。朱子常教人：“半日静坐，半日读书。”习斋认为此二语害尽世人，静坐使人皆成病弱人，读书使人钻入故纸堆中，成为无用人。故习斋谓宋学乃是“率古今之文字，而食天下之神智”，著书不过是“空言相续，纸上加纸”。此乃对宋明理学一极端的反动。宋人讲学主静，习斋则主张要“动”不要“静”。不止要用“心”，且须要用“身”。故自名为

“习斋”，一切要经习，要用心、动、身来习。习斋尝云：“若天不废予，则将以七字富天下：‘垦荒、均田、兴水利。’以六字强天下：‘人皆兵，官皆将。’以九字安天下：‘举人才，正大经，兴礼乐。’”所谓“大经”，即是孔、孟儒家的思想与道德。

习斋一生在农村，其学外人鲜知，亦从未与外地学术界接触。至李恕谷欲广传乃师之学，前往北京。见当时名儒学者皆来自南方，遂再南下。其讲学态度渐与习斋不同。时浙人毛西河，为当时之经学家，又讲阳明之学。恕谷与之论礼乐，大为折服，拜西河为师。明末，朱舜水逃日本，他熟知礼乐衣冠文物，用以教化日人。要讲礼乐，必然要转向实事实物种种形而下的“器”上面来。习斋乃一乡村老农，他之所讲其实也是空言。如“兴水利”，应如何兴？颜氏既不主张多读书，此事便不易讲。如顾亭林之《天下郡国利病书》，如胡渭之《禹贡锥指》等，皆须多读书来。

宋、明理学固与先秦儒有不同，然就大传统论，不能不说是一脉相承。到明亡后，此时做学问人，不愿再一意闭门只求做圣人，要转而讲治国、平天下。顾亭林、黄梨洲、王船山，早已走上了此路。由虚转实，与宋、明儒大传统，专讲如何做一个圣人的意味，实已大大不同了。当时在学术上早已开辟了新路向，却不必再回头来一意要打倒旧传统。习斋初学阳明，后转朱子，其后遂一意反宋。读其《年谱》，可见其意志之强，操守之坚，诚为笃实可爱，亦可谓是一圣人了。然若专以学问见解论之，似不能与上述三大儒相提并论。他谓程、朱与孔、孟为绝然二途，亦终是一偏见。

“五四”以后，大家要打倒“孔家店”，因颜、李反程、朱，遂多喜讲颜、李之学。此亦风气使然。习斋一生写有四部书：即《存学》、《存性》、《存治》、《存人》，统名之曰《四存编》。抗战前后北平有“四存学会”，即提倡颜、李之学者。

颜学至李而大，然亦可谓及李恕谷出，而其学即废。今且举李恕谷两语，可以看出颜、李学派之重点所在，实与船山所讲“理见于事，道见于器”之说并无大殊。恕谷谓：“理即在事中，今曰理在事上，是理别为一物矣。”此正是宋人与明末人讲学之大不同处。理见于事，即在事中。若言理形上、气形下，理超乎事上，则理成为另一物。西方人讲哲学喜凭空讲，如言未有飞机，先有飞机之理。此如柏拉图讲世上之一切圆，乃自一最高理念之圆而来。此说成为先有了“抽象”而后产生出“具体”。其实此等说法，绝难证明。理亦该有新生，并不能预先有一理在。故船山又谓：“人性日生日成，非天生即如是者始谓性。”如种一粒麦，初时固有其原性在，成长后，却与初生时不同。故即人性亦不能尽从其开始处讲，而亦应自其完成时讲。理亦不应专自事前讲，兼应自事后讲。

明亡以后，人人不再讲此最先最高之理，亦不再只求做一圣人。此是颜、李亦无能自异的。但因清初厉行高压政策，治平之学亦不能讲，于是遂下转为乾、嘉时代之经学，专在故纸堆中讲考据、训诂，与儒家精神更不相干，故略而不谈。下次将讲道、咸、同、光时，西方思想传入中国后之学术界情形。

第六讲

一

今天是“明清思想”的最后一讲。前述诸儒皆可说是晚明时之学者，其中颜习斋，人虽可说在清代，然其心情则仍是晚明的。此后满清政权日益稳固，中国社会亦趋于安定。一般读书人，不得不出应科举，在政治上与清廷合作。在清廷高压政策下，只有作一逃避现实之畸形发展，遂成为后日乾、嘉考据之学。实则自明末始，学术界已渐走上此路，不过乾、嘉是其全盛期。此种考证学，论其渊源，则仍自明人之学而来。

例如《大学》有两种本子：一古本，一朱子改定本。朱子将古本《大学》断章句，分经传，重加改定。认为其传中亡逸一章，乃为“格物补传”。及王阳明出，主复古本，是即所谓“校勘学”。其次如《大学》经文曰：“大学之道，在明明德，在亲民，在止于至善。”朱子引程子说：“亲，当作新。”此二字在古籍中，诚有时相混用，但究是“亲民”抑“新民”？仍是一校勘上问题。

朱子《大学格物补传》，其主旨在“格物穷理”，而尤以“格物”二字最为重要。此二字应如何讲？此乃训诂学上之问题。仅在明代，“格物”二字即有七十余说。著名者如“淮南格物说”，为泰州学派所主张。直至清末，“格物”二字之释义，仍为人所争辩。

《大学》朱子《注》又云：“右经一章，盖孔子之言，而曾子述之。其传十章，则曾子之意，而门人记之也。旧本颇有错简，今因程子所定，而更考经文，别为序次。”然此说确否？清乾隆时考据学大师戴东原，十岁时就读塾馆，读《大学》至此，问师曰：“此何以知为孔子之言而曾子述之？又何以知其为曾子之意而门人记之？”师应曰：“此先儒朱子所注云尔。”即问：“朱子何时人也？”曰：“南宋。”又问：“孔子、曾子何时人？”曰：“东周。”“东周去宋几时？”曰：“几二千年矣。”“然则朱子何以知其然？”塾师无以答。如此追求即为考据之学。乾、嘉经学所着重者，即在此训诂、考据与校勘。宋、明人所讲，自谓根据五经、四书述孔门之道。清初人毛奇龄即著《四书改错》，分三十二门，四百五十一条，合二十二卷，驳改朱子之错。我在年轻时，曾读此书，心中受甚大影响。其首条言“四书”二字即错，《大学》、《中庸》本《小戴礼记》中之二篇。此亦是一种根据。宋人重要在讲义理。然既谓是古代圣人之义理，则古代圣人是否曾如此讲？此亦是一大问题。

顾亭林首即指出："经学即理学。舍经学安所得理学者？"欲做圣人须依圣人之言，依圣人之言须读圣人之书。如此便将宋人讲理学的道路，转到经学的训诂、考据、校勘方面来。而三者中最重要者，则是训诂。亭林以后清儒又讲："训诂明，而后义理明。"后人读二千年前之书，古人或不如此讲，因此必有赖于训诂。清人特重《尔雅》、《说文》二书，如此一来，偏重在讲文字学、训诂学方面去，学问遂走上了另一条路。汉人治学有师承，其时代去圣人近。宋人则去圣人远，程、朱自谓其学乃直接孔、孟而来，所讲者为"不传之绝学"。清人不以为然，主宗汉人，故称宋、明人之学曰"宋学"。而自称是"汉学"。如此则门户渐分，直到现代此种门户之见依然存在。

二

古经籍经清人用训诂、考据、校勘诸法整理一过后，予今人极大便利。然清人完全为读书而读书，究竟去义理日远，甚至于不相干。如《论语》第十篇《乡党篇》最为难读，清人江永（戴震师）著《乡党图考》，详考古代衣冠文物，饮食起居，与宋人喜言义理，途径大别。实则江永极佩服朱子，在江意亦欲格古代之物耳。

宋人讲心性之学，晚明讲治平之学，清人讲训诂、考据之学，渐至于个人、社会毫无关系。乾、嘉为有清盛世，学人尚可孜孜矻矻，埋首致力于此。道、咸而降，颓势渐著，即乾隆末年，衰象已呈。于是有人出而反对当时之考据学，此人即章实斋，力斥戴东原攻击朱子之非。实斋前承全谢山，谢山上接黄梨洲。实斋与东原之异同，若上溯之，即“浙东学派”与“浙西学派”之异同。实斋谓明末顾亭林乃浙西之学，源自朱子。梨洲乃浙东之学，来自象山。故浙东、浙西之异同，亦即南宋时朱、陆之异同。实斋又云：“宋儒有朱、陆，千古不可合之同异，亦千古不可无之同异也。”东原考据之学乃源自亭林，亭林之学本自朱子，而东原力攻朱子，实斋以此深责东原，此意亦甚当，盖汉学实不过为朱子治学之一支流耳。

浙西之学自亭林而下成为经学，浙东之学自梨洲而下成为史学。实斋曰：“浙东言性命，必究于史。”讲人性，讲天命，当以长时期之历史作根据。实斋又云：“史学所以经世。”此处便要转向晚明治平之学的路上去了。

清儒谓：“孔子之道在六经。”因此必博古尊经。实斋则说：“道在事物。”此意颇与王船山、颜习斋二人所讲相似。实斋云：“舍天下事物、人伦日用，而守六籍以言道，则固不足与言道矣。”“道”应自天下事物、人伦日用处讲。换言之，道不在书本上，而在此世界上。此一讲法，乃以史学精神来替代经学。然则六经应如何讲？实斋云：“六经皆史也。”近人皆喜讲实斋之史学，但说此“六经皆史”之“史”字，乃指“史料”言，此实大误。实斋讲“史”并不如经学家考据讲法。实斋又说：“六经皆先王之政典。”此始是“史”字之确释，盖谓古代官府中之档案便是“史”。今日若欲研究六经，毋宁至官府中研究所存之档案。官府中胥吏所掌，对整个国家政治、经济各方面问题极有关系。治六经者，乃脱离时事来空言讲理，岂非大误？此可谓是实斋最伟大之理论。

实斋之学，并不为时人接受。然龚定庵思想实承实斋而来，梁任公《清代学术概论》尝誉定庵为当时学术界之彗星，因定庵倡新经学，即所谓“今文经学”。而其父闇斋，为常州学派刘逢禄之甥，又为段玉裁之女夫。故定庵年十二，即得闻其外祖之小学。年二十八，又从刘逢禄受《公羊春秋》。稍后当尝读章实斋之书，其所受影响乃至深，遂形成定庵此后之思想。此点向无人言及，我在《近三百年学术史》中始详发之。与定庵同时者有魏源，号默深，人称“龚、魏”。定庵讲时王之学，实即来自实斋。默深有《海国图志》等书，亦主与时代配合。于是在经学中特重孔子《春秋》，讲《春秋》又要讲《公羊》之“微言大义”。求通天道人事，而归趋于论政，然后方可用之以经世。故龚、魏可谓乃将实斋思想接上了今文经学者。

三

道、咸而后，国事日非。近人都谓西方势力侵入后，中国方变。实际上，若西方势力不至中国，中国历史演进至此，亦必要变。斯时清政腐败，无力再压制。读书人始又挺身出而主张变法、废科举。若上溯言之，顾亭林《日知录》中，早已指出科举之弊。毛西河著《四书改错》，摹印未及百部，闻清廷复尊朱子，惧罹祸，遂毁其版。可见清代学者反对朱子，实为反对清廷尊崇一家以钳天下之口。废科举之议，又于洪、杨乱前重起。经鸦片战争、太平天国、中法战争诸事件后，中国更需大变。

当时旧的学问集中于江、浙、皖一带。七部《四库全书》，有四部分存在扬州、镇江、南京及杭州。洪、杨乱后，文籍荡佚，训诂考据之学中断，然学术风气则仍在讲经学。学风转移，非有一代大师出面而领导不可。明末三大儒几耗毕生精力，埋首治学，方能扭转学风。道、咸之世，社会上乱象已显，学者迫于应变，并不能潜心做学问。于此情势下，清末遂出二大师：一康有为，一章太炎。但此二人并不能领导今日中国之学术界。

江苏扬州人阮元，为戴东原弟子，曾任两江、两广总督。在浙江杭州建有诂经精舍，至广州后复办学海堂，提倡经学。章太炎乃诂经精舍学生，康有为乃受学海堂影响。

章太炎师俞曲园，曲园致力于训诂，故太炎亦长于小学。后太炎以参加革命被捕，在狱中研读佛经。获释后，东渡日本，时中国留日青年多从其学。在日本，太炎始触及世界新思潮。乃作《訄书》，中有《订孔篇》，肆力攻击孔子。此书至晚年时，未收入《章氏丛书》中，盖亦深悔其早年狂妄之不当也。

康有为在广州万木草堂讲今文经学，著名弟子有梁任公。有为见外人有耶教，遂尊孔子为教主，讲《诗》、《书》等经籍，皆谓乃孔子所作，意在托古改制，为汉立法。汉人尊孔子为“素王”。康有为字长素，欲比孔子尤长一级，此实甚谬。

章太炎佩服顾炎武，故名太炎，意欲较亭林更高。其最佳作当推《检论》，乃在民国后遭袁世凯幽禁在北京钱粮胡同时所写。

康有为著《孔子改制考》、《新学伪经考》等书。其《大同书》较诸今日之共产思想，尤为极端。

抗战前立法院长为胡汉民，委员有负誉一时之吴稚晖、蔡孑民、张静江诸人。某次开会时，曾动议讨论夫妇结婚应否有一年限问题。此种思想出诸此数位知名人士之口，今日思之，似乎不敢想象。其后潘光旦于其所著书中引录有此一段记载。此辈负责中国最高政治者，在学术上，实未能予人一条新路，根本无有一套源源本本之知识与理论。

近代中国学术界实承清末而来。民初中大教授柳翼谋，曾撰文论胡适之倡导“新文化运动”，乃渊源有自，盖康有为、梁启超、章太炎三人已发其轫，故“五四运动”亦非突然而起。在嘉、道以后，主张变法者，皆尚熟知当时典章制度利弊何在。清末以后，留学生自国外归来，多放言高论。尤其如康有为之《大同书》，试问岂能见之实施？倘使清代开基仅有二三十年，则《日知录》、《明夷待访录》等书，确可作为当时政治、经济上之参考准则。惟如康有为讲《公羊》，而又主张保皇，已极不通。又诋刘歆伪造群经。章太炎则谓刘歆贤于孔子，荀子贤于孟子。如斯之论，皆极荒谬。“重行估定一切价值”，此一口号，实于康、章时，即已开始。康有为提出《礼运·大同篇》，实远不如程、朱选出《大学》、《中庸》较为妥当。康有为之《大同书》，对今日影响至巨。我并不要菲薄此二位时代学者，但于今日，一定要有真学术，方能开国学文化之真前途。今日亦可谓是一悲哀时期，将来希望能有一小康之局，方能有真学术出现。

图书在版编目（CIP）数据

讲堂遗录 / 钱穆著. -- 北京 : 九州出版社,
2010.1（2020.4重印）
ISBN 978-7-5108-0284-3

Ⅰ. ①讲… Ⅱ. ①钱… Ⅲ. ①学术思想－思想史－中国－文集 Ⅳ. ①B2-53

中国版本图书馆CIP数据核字(2009)第239938号

讲堂遗录

作　　者	钱穆　著
出版发行	九州出版社
地　　址	北京市西城区阜外大街甲 35 号 (100037)
发行电话	(010)68992190/3/5/6
网　　址	www.jiuzhoupress.com
电子信箱	jiuzhou@jiuzhoupress.com
印　　刷	三河市九洲财鑫印刷有限公司
开　　本	880 毫米 ×1230 毫米　32 开
印　　张	7.625
字　　数	151 千字
版　　次	2014 年 9 月第 2 版
印　　次	2020 年 4 月第 3 次印刷
书　　号	ISBN 978-7-5108-0284-3
定　　价	24.00 元